sachbuch rororo

Politische Erziehung

Friedrich Barabas/Thomas Blanke/ Christoph Sachße/Ulrich Strauchelt (Hg.)
Jahrbuch der Sozialarbeit 1978. Analysen, Berichte, Materialien [7097]

Heinrich Bast u. a.
Gewalt gegen Kinder. Kindesmißhandlungen und ihre Ursachen. Handbuch für Diskussion und Aktion [6934]

Johannes Beck
Lernen in der Klassenschule. Untersuchungen für die Praxis [6820]

Johannes Beck/Klaus Bergmann/ Heiner Boehncke (Hg.)
Das B. Traven-Buch. Lesestücke – Unterrichtsmaterialien [6986]

Johannes Beck/Heiner Boehncke (Hg.)
Jahrbuch für Lehrer 1978. Schulalternativen – Schreiben lernen [7103]
Jahrbuch für Lehrer 1979. Zensuren, politisch-technischer Unterricht [7172]
Jahrbuch für Lehrer 4. Selbstbestimmtes Lernen / Schulalltag / Unterricht: Natur, Technik, Faschismus [7285]
Jahrbuch für Lehrer 5. Pädagogische Initiativen – Schule auf dem Land – Unterrichtsvorschläge [7372]
Jahrbuch für Lehrer 6. Ideen und Geschichten [7451]

Klaus Bergmann/Winfried Hammann/ Solveig Ockenfuß (Hg.)
Abhauen. Flucht ins Glück [7404]

Claus Biegert
Indianerschulen. Als Indianer überleben – von Indianern lernen. Survial Schools [7278]

Heiner Boehncke (Hg.)
«Vorwärts und nicht vergessen.» Ein Lesebuch. Klassenkämpfe in der Weimarer Republik. Mit 30 Abb. im Text [6805]

Heiner Boehncke, Jürgen Humburg
Schreiben kann jeder. [7245]

Adolf Brock u. a.
Arbeiterbildung. Soziologische Phantasie und exemplarisches Lernen in Theo-rie, Kritik und Praxis. Lernen für Selbstb-stimmung [7250]

Anna Dorothea Brockmann/Manfred Li-bel/Manfred Rabatsch (Hg.)
Jahrbuch der Sozialarbeit 3 [7293]

Anna Dorothea Brockmann (Hg.)
Landleben. Ein Lesebuch von Land u Leuten [7064]

Paulo Freire
Der Lehrer ist Politiker und Künstler. Neue Texte zur befreienden Bildungsarbeit [7446]

Célestin Freinet
Pädagogische Texte. Beispiele aus der Bibliothek der Arbeit [7367]

Karlheinz A. Geißler (Hg.)
Gruppendynamik für Lehrer. Verändernde Praxis im Schulalltag [7273]

Peter Gstettner
Die Eroberung des Kindes durch die Wissenschaft. Aus der Geschichte der Disziplinierung [7425]

Maria Guggenheimer/ Klaus Ottomeyer (Hg.)
Zerstörung einer Familie. Eine Fallstudie [7312]

Helmut Hartwig
Jugendkultur. Ästhetische Praxis in der Pubertät [7327]

Moritz Krüger: **Schulflucht.**
Eine dokumentarische Erzählung [7177]

Dietmar Larcher/Christine Spiess (Hg.)
Lesebilder. Geschichten und Gedanken zur literarischen Sozialisation. Lektürebiographien und Leseerfahrungen [7345]

Walter Moßmann/Peter Schleuning
Alte und neue politische Lieder. Entstehung und Gebrauch/Texte und Noten [7159]

Klaus Ottomeyer
Ökonomische Zwänge und menschliche Beziehungen. Soziales Verhalten im Kapitalismus [7055]

Johannes Beck, Heiner Boehncke, Werner Heinz, Gerhard Vinnai
Terror und Hoffnung in Deutschland 1933–1945. Leben im Faschismus [7381]

Aïda Vasquez/Fernand Oury u. a.
Vorschläge für die Arbeit im Klassenzimmer. Die Freinet-Pädagogik. Alternativen zum gewöhnlichen Schulleben [6957]

Gerhard Vinnai
Sozialpsychologie der Arbeiterklasse. ...tätszerstörung im Erziehungspro-

W0409498

Analysen, Modelle, Materialien für Schüler, Lehrlinge, Studenten, Lehrer

Zu diesem Buch

«In die Euphorie der Bildungsreform, die auch ihre einstigen Gegner ergriffen hat, wird dieses Buch einschlagen wie eine Bombe. Es wird eine Allianz zwischen Reformen und Bewahrern stiften, die beide sich nicht erträumt haben. Sie werden an ihm entdecken, was sie gemeinsam erhalten wollen, wenn auch mit verschiedenen Mitteln: die Schule – die Schule als das öffentlich kontrollierte Instrument der gesellschaftlichen Selbststeuerung. Denn die Schule ist es, die den Fortbestand der Ordnungen und Einrichtungen und Vorstellungen garantiert, aus denen wir alle leben; sie macht das Leben halbwegs berechenbar; sie nimmt den einzelnen ab, was sie sich längst nicht mehr zutrauen: die Verantwortung für das, was sie sind.

Ob Bombe oder Bresche – das Buch macht ausdrücklich, was andere nur ahnen oder fürchten oder hoffen lassen: Es stellt eine klare Rechnung auf; es sagt uns den Preis, den wir für Bildungsfortschritt zahlen, und es nennt die Schuldigen: das sind wir alle, auch die Opfer. Da das Buch geistvoll, politisch engagiert, sprachlich unkonventionell und brillant ist und an unser aller schlechtes Gewissen gegenüber den Armen dieser Welt rührt, wird es von allein viele Leser finden.

Die Wissenschaft, die verantwortete Politik, die Menschen, die mit Ernst und List, Geduld und Klugheit die Veränderung und Verbesserung der Erziehung weitertreiben, werden in einem von Illich aufgeschreckten und beunruhigten Leser einen besseren Bundesgenossen haben als in einem gläubigen Gefolgsmann der fast schon automatischen Bildungsexpansion» (Hartmut von Hentig).

Ivan Illich wurde 1926 in Wien geboren. Sein Vater war ein katholischer Dalmatiner, seine Mutter eine lutherisch getaufte deutsche Jüdin. Er studierte Geschichte, Kristallographie, Philosophie und Theologie. Seit 1951 lebt er in Amerika. Er war Rektor der Universität von Puerto Rico und Seelsorger in New Yorker Slums. 1960 gründete er in Cuernavaca (Mexiko) das Centro intercultural de documentatión (CIDOC), das zum Mittelpunkt der Bemühungen um neue Erziehungssysteme in unterentwickelten Ländern wurde.

Von Ivan Illich liegen vor: «Schulen helfen nicht. Über das mythenbildende Ritual der Industriegesellschaft» (rororo sachbuch 6778); «Die sogenannte Energiekrise oder Die Lähmung der Gesellschaft» (rororo aktuell 1763); «Selbstbegrenzung» (rororo aktuell 4629); «Die Enteignung der Gesundheit. Medical Nemesis», Reinbek 1975, Rowohlt Verlag, das im Herbst 1977 neubearbeitet unter dem Titel «Die Nemesis der Medizin. Von den Grenzen des Gesundheitswesens» erschienen ist; «Entmündigung durch Experten. Zur Kritik der Dienstleistungsberufe» (rororo aktuell 4425); «Fortschrittsmythen. Schöpferische Arbeitslosigkeit/Energie und Gerechtigkeit/ Wider die Verschulung», Reinbek 1980, Rowohlt Verlag.

Ivan Illich

Entschulung der Gesellschaft

Entwurf eines demokratischen Bildungssystems

Mit einem Vorwort
von Hartmut von Hentig

rororo

Rowohlt

Die Originalausgabe erschien im Verlag Harper & Row,
New York, unter dem Titel «Deschooling Society»
Titel der im Kösel-Verlag erschienenen deutschen Erstausgabe
«Entschulung der Gesellschaft»
Aus dem Amerikanischen übertragen von Helmut Lindemann
Umschlagentwurf Jürgen Wulff
Das Bild von Ivan Illich auf der Umschlagseite stellte freundlicherweise die Katholische Akademie in München zur Verfügung

Ein Band der von Ruth Nanda Anshen geplanten und herausgegebenen World Perspective Series

1.–25. Tausend September 1973
26.–30. Tausend Mai 1976
31.–35. Tausend März 1977
36.–40. Tausend Juni 1978
41.–45. Tausend Januar 1980
46.–49. Tausend April 1981

Veröffentlicht im Rowohlt Taschenbuch Verlag GmbH,
Reinbek bei Hamburg, September 1973

Satz Aldus (Linofilm-Super-Quick)
Gesamtherstellung Clausen & Bosse, Leck
Printed in Germany
580-ISBN 3 499 16828 6

Inhalt

Hartmut von Hentig

Vorwort zur deutschen Ausgabe

In die Euphorie der Bildungsreform, die auch ihre einstigen Gegner ergriffen hat, wird dieses Buch einschlagen wie eine Bombe. Es wird eine Allianz zwischen Reformern und Bewahrern stiften, die beide sich nicht erträumt haben. Sie werden an ihm entdecken, was sie gemeinsam erhalten wollen, wenn auch mit verschiedenen Mitteln: die Schule – die Schule als das öffentlich kontrollierte Instrument der gesellschaftlichen Selbststeuerung. Denn die Schule ist es, die den Fortbestand der Ordnungen und Einrichtungen und Vorstellungen garantiert, aus denen wir alle leben; sie macht das Leben halbwegs berechenbar; sie nimmt den einzelnen ab, was sie sich längst nicht mehr zutrauen: die Verantwortung für das, was sie sind. – Für die Reformer wie für die Bewahrer könnte das Buch als Zeichen dafür dienen, wohin es kommen wird, wenn man die Schule nicht «jetzt rettet», ihre Funktion nicht «endlich ernst nimmt», sie nicht «voll ausbaut» und «angemessen ausstattet», nicht zu einem «Gesamt-System schließt», wo sie das noch nicht ist.

Den Finanzministern und Stadtkämmerern und Parlamenten, die die verkündeten notwendigen Reformen insgesamt nicht bezahlen können; denen, die die Ergebnisse der bisherigen Reform skeptisch gemacht haben; denen, die das alles austragen müssen, den überlasteten, überforderten, verwirrten Lehrern zumal, kommt das Buch als ein Retter. Es öffnet einen Ausweg – keinen Notausgang, sondern eher eine Porta Triumphalis, durch die man gereinigt und gerechtfertigt in die Zitadelle zurückkehrt.

Der Linken, die die Veränderung der Macht-, der Besitz- und also auch der Bildungsverhältnisse der Gesellschaft will und die in der Schul- und Hochschulreform längst ein Mittel der Beschwichtigung, der technischen Entstörung des alten Systems sieht, damit es um so sicherer überdauere, wird das Buch wie eine Bestätigung erscheinen, so wenig sie der Überantwortung der Bildung an den einzelnen und den freien Markt zustimmen kann.

Die Weisen im Lande schließlich werden den Kopf schütteln: sie werden mit Genugtuung zur Kenntnis nehmen, daß hier einem leichtfertigen Fortschrittsglauben der Prozeß gemacht wird, aber sie werden eine solche Publikation in Deutschland in diesem Augenblick unklug finden – und auch das wird die Aussicht, daß dieses Buch ein Bombenerfolg wird, nicht mindern, sondern eher erhöhen.

Denn ob Bombe oder Bresche – das Buch macht ausdrücklich, was andere nur ahnen oder fürchten oder hoffen lassen: Es stellt eine klare

Rechnung auf; es sagt uns den Preis, den wir für Bildungsfortschritt zahlen, und es nennt die Schuldigen: das sind wir alle, auch die Opfer. Da das Buch geistvoll, politisch engagiert, sprachlich unkonventionell und brillant ist und an unser aller schlechtes Gewissen gegenüber den Armen dieser Welt rührt, wird es von allein viele Leser finden. Was diese ihm beigegebenen Worte allenfalls tun wollen und können, ist, den Lesern, die bisher anders gedacht haben, ein gutes Gewissen zu geben, wenn sie sich verstört, betroffen oder mitgerissen fühlen. Sie verraten damit ihre Sache nicht.

Die Wissenschaft, die verantwortete Politik, die Menschen, die mit Ernst und List, Geduld und Klugheit die Veränderung und Verbesserung der Erziehung weitertreiben, werden in einem von Illich aufgeschreckten und beunruhigten Leser einen besseren Bundesgenossen haben als in einem gläubigen Gefolgsmann der fast schon automatischen Bildungsexpansion.

Wir leben in einer Welt, in der die Kommunikation nicht nur schnell und unaufhaltsam ist: Die Kommunikation «funktioniert», weil die Erkenntnisse und Tatsachen, die von hier nach dort vermittelt werden, dort auch relevant sind: weil das Leben in den verschiedenen Teilen der Welt immer mehr Eigenschaften gemein hat. Es hat darum keinen Sinn, sich von Ideen und Erscheinungen abschirmen zu wollen, die in einem anderen Teil der Welt aufkommen und uns, bitte, noch eine Weile erspart bleiben mögen! Etwas, was wir für «gefährlich» halten können, hat eben damit bewiesen, daß es auch uns angeht. Nur Irrelevantes läßt sich abhalten oder ignorieren.

Wodurch erscheinen Illichs Gedanken «gefährlich» – was macht sie relevant? Illich malt etwa folgendes Bild:

– Bildung, wie philosophisch und innerlich, wie politisch und emanzipatorisch, wie praktisch und philanthropisch sie auch konzipiert und formuliert wird, in den Formen und Ausmaßen unseres Schulwesens erliegt sie stets ihren sekundären Eigenschaften – dem, was sie sich zuzog, als sie in der staatlichen Pflichtschule institutionalisiert, als sie Schulbildung wurde;
– Schulbildung hat eine «Herrschafts»-Eigenschaft: Sie erzeugt, wo sie aus dem Gefälle von Lehrer zu Schüler, von Gelernt-haben zu Nochlernen-müssen entsteht, eine scheinbar natürliche und darum schwer zu bekämpfende Hierarchie, ein Bewußtsein von Minderwertigkeit bei dem einen und Überlegenheit bei dem anderen, das alle gegenläufige Erfahrung vorgängig verhindert;
– Schulbildung hat eine «kapitalistische» Eigenschaft: Sie ist akkumulierbar, gibt dem, der mehr akkumuliert hat, einen prinzipiellen Vorteil über den, der weniger akkumuliert hat, und setzt, wie anderes Kapital,

den Reicheren in die Lage, die Bildungsmittel zu monopolisieren – allein schon dadurch, daß eine längerdauernde Bildung, die der Ärmere sich nicht leisten kann, als die «höhere» und bessere gilt;

– Schulbildung hat eine «bürokratische» Eigenschaft, indem sie selbst dem Apparat zu dienen sich anläßt, der ihr dienen sollte: Sie weitet sich aus, spezialisiert sich, schafft sich eigene Domänen und wird zugleich immer nutzloser, da sie so notwendig von ihren Anlässen und Aufgaben entfernt, was sie wiederum mit den Mitteln der Bildung rechtfertigt;

– Schulbildung hat vor allem eine «beschwichtigende» Eigenschaft: Sie trennt nicht nur von der Erfahrung des bestehenden Unrechts, indem sie überhaupt von vieler Erfahrung trennt, sie nährt vor allem die Überzeugung, daß man jetzt, da man lernt, nichts tun könne, daß man aber in den Positionen der Kompetenz, die man durch sie erreicht, auch Macht haben werde – und dann werde man das System ändern;

– Bildung als Schulbildung ist damit zum Gegenteil dessen geworden, was Menschen sich darunter vorstellen wollen und was in den Lexika, in den Präambeln und Theorien steht – ein Stück sozialer Determinismus statt ein Akt geistiger Emanzipation;

– Bildung als befreiender «persönlicher Akt» kann von der Gesellschaft nicht verfügt, sondern nur als eine Gelegenheit ermöglicht werden. Illich vergleicht dies gern einer «public utility», einer öffentlichen Einrichtung wie dem Telefon oder der Untergrundbahn oder der Post. Der Vergleich scheint mir nicht glücklich, aber er macht eines ganz klar: die gemeinte Passivität der Bildungsinstitution. Auf eine sehr viel tiefere Weise, als es der gewissenhafte Theologe Ivan Illich auszusprechen wagt, ist sein anderer Vergleich zwischen Bildung heute und Religion einst richtig: Gott stellt das Heil bereit – ergreifen muß es der Mensch selber. Die aktive Administration von Gott, Gnade und Liebe ist fast schlimmer als ihre Negation;

– für die Bildung heißt das: Aus «Trichtern» müssen «Gewebe» werden – Beziehungsgeflecht, Haltepunkte, Kreuzungen, Marktplätze;

– es bedeutet vor allem die Wiederentdeckung eines Maßstabs, der in *uns* liegt und nicht in unseren Machwerken; wir brauchen einen Austausch, der je uns, mir und dir, nützt oder Freude macht und nicht der Aufrechterhaltung der Institutionen, der Vermehrung der Mittel und ihrer Produktivität dient; «aggregate growth», bloße Zunahme, ist kein Ziel; aber eben das scheint Schule zu lehren, ja lehren zu müssen, nachdem Bildung die Lebenschancen bestimmt und man darüber mit Pensum und Prüfung buchzuführen begonnen hat.

Hier erreicht die Kritik der Schule eine Gründlichkeit, wie sie seit Platon wohl nur bei Rousseau, Tolstoi und bei Bernfeld anzutreffen ist: Schule erscheint als nicht mehr reparierbar – sie ist selbst das falsche Gefährt.

Der Gebildete Ivan Illich, der selber elf Sprachen spricht, sich in scholastischer Philosophie so gut auskennt wie in moderner Soziologie, der ein Kirchenhistoriker von Graden ist und seinen Gästen für ihre Tropenkrankheiten nicht nur die richtigen Medizinen, sondern auch die richtige Erklärung gibt, kann nicht gegen Bildung sein. Aber er will nicht, daß Menschen mit einer gesellschaftlichen Pflichtschulbildung geregelt und gemaßregelt werden. Er will die radikale Trennung von Staat und Erziehung erwirken, so wie man einst die Trennung von Staat und Kirche erwirkt hat. Ja, der Staat ist hier nur die greifbarste Form organisierter Gesellschaftlichkeit: Illich will die unselige Verbindung von «abgepackter» Bildung und abgepackten Funktionen in der Gesellschaft auflösen und damit beides, die Bildung des Menschen und seine politische und berufliche Rolle in der Gemeinschaft, befreien. Bildung berechtigt nicht zu . . ., Bildung befähigt zu . . . Und wenn dies auch nur einigermaßen stimmt, dann muß ihre Definition unendlich viel weiter sein, als sie es heute in und durch Schulen ist. Wodurch und wozu kann man alles befähigt werden!

Nur wenn man die prinzipielle Verengung und Veränderung von Bildung durch Schule wahrgenommen hat – was uns allen, die wir Schul-Gebildete sind, schwerfällt – kann man hoffen, sich von ihren Fehlformen zu lösen und Alternativen zu finden. «Wir dürfen die Fehler der Schule nicht perfektionieren und dadurch aushaltbar machen» – so schrieb ich vor vielen Jahren. «Wir dürfen die Fehler der Schule nicht perfektionieren und sie dadurch endgültig *un*aushaltbar machen» – so etwa schreibt Illich heute unter dem Eindruck einer vernichtenden Kritik der Schulreform in den USA. Es ist müßig zu fragen, wie gerecht das Urteil von Illich und seinen Gewährsleuten über die amerikanische Schule ist. Er hat es nicht mit einzelnen Phänomenen zu tun, sondern mit der Feststellung einer Grundtatsache: Unvermögen der öffentlichen Schule, mit Chancenungleichheit, Frustration, Gewalt, Armut fertig zu werden – und mit der Kritik einer Grundtendenz: sich diesem Unvermögen nicht zu stellen, sondern es mit immer neuem Optimismus und unproportionalen Aufwendungen für die Schulreform zu verschütten.

Es ist dagegen nicht müßig zu fragen, was sich von dieser Kritik auf Europa, auf Deutschland übertragen läßt. Meine Meinung ist: So wie man jahrzehntelang die Übernahme von Anregungen, Reformmodellen und wissenschaftlichen Ergebnissen mit der prinzipiellen Vergleichbarkeit der Situationen gerechtfertigt hat, so muß man nun auch die Übertragbarkeit der Kritik hinnehmen: mutandis fortiter mutatis.

So wird auf beiden Seiten des Atlantik etwa gesagt: Wir brauchen mehr und höhere Bildung, weil wir sonst die komplizierte, veränderliche, hochabstrakte, arbeitsteilige und also spezialisierte Zivilisation nicht bestehen; wir brauchen Bildung, um fortzuschreiten. Wenn ich Ivan Illich richtig deute, meint er: Wir brauchen eine andere, «gründlichere» Bildung, um mit dem Unfug, den unser Fortschritt gleichzeitig hervorbringt, fertig zu werden; wir brauchen eine Bildung zur schlichten Wiederherstellung des common sense. Nur in Mündigkeit, die ihrerseits nur in Mündigkeit gelernt wird, kann man sich der Abrichtung durch das versteckte Curriculum, den geheimen Lehrplan unserer Einrichtungen, Gewohnheiten, Apparate und der Geschichte wehren. Unser Wille ist nicht frei, eine andere Kultur zu wollen, ungeschichtlich zu sein. Und alle Anthropologie und Erkenntnistheorie lehren uns, daß auch die Rationalität eine geschichtliche Denkform ist. Wenn wir unser System kritisieren, bleiben wir ihm entweder von vornherein und willentlich verhaftet, oder der «archimedische Punkt», den wir einzunehmen meinen, stellt sich hinterher als Ausleger des zu kritisierenden Konstrukts heraus. In anderen Worten: Nach vorn entlaufen wir unserer condition humaine nicht, und schon gar nicht durch die Fülle der quantitativen Änderungen, Vorgriffe, Vorräte und Vor-Bereitungen.

Darum ist der Mythos von Epimetheus für Illich so bedeutsam, weil hier – am Anfang der vor-denkenden Kultur – schon die Deutung ihrer Folgen, ihres hohen Preises gegeben worden ist. Ich lege den von Ivan Illich so bezeichneten «epimetheischen Menschen» gern als den «asketischen» aus, und das heißt als den, der die Macht des Verzichts, die Weisheit des Nicht-Vorsorgens, des «at random»-Lebens, der jeweils nötigen Politik kennt und nutzt und der dem Prometheus, dem Vorausdenker, voraus ist, indem er sich vorbehält, auf mehr zu hoffen, als er selbst planen kann, und das selbst Geplante auch dann zu verwerfen, wenn es ihm gelungen ist: nach Plan zwar, aber ohne Heil für ihn.

Es läßt sich viel Kritisches gegen Illich einwenden: gegen seine Prämissen (oder doch ihre Übertragung von Lateinamerika auf die übrige Welt), gegen seine Analyse (z. B. daß die Reform ihre Möglichkeiten erschöpft habe), gegen seine Vergleiche (z. B. von Schule mit totalitären Staaten) und gegen seine praktischen Folgerungen (sie könnten m. E. zu mehr Schule führen als irgendjemandem lieb ist). Aber all diese Einwände sind kleinherzig und reichen nicht an das heran, worum es eigentlich geht: um einen Umbruch, dessen Ausmaß wir noch nicht erfaßt zu haben scheinen und auf den wir darum immer noch mit zusätzlichen Mitteln, mit «Eskalation» antworten. Wir leben mittlerweile in der vom Menschen gemachten Welt – wann immer das angefangen haben mag: jetzt ist es soweit. Wir leben nicht mehr gegen die Krankheit, die Armut, die Katastrophen, die Erblichkeit, die Grenzen an, die die *Natur* uns beschert, sondern gegen die Folgen dessen, was *wir selber* erfunden haben. Wenn wir nicht jeden Maßstab verlieren, unsere Zivilisation nicht kurzschließen, die Chance der Veränderung bewahren wollen, dann muß Erziehung zu einer dialektischen

Tätigkeit, nein, Erfahrung werden und darf nicht «die Abrichtung der Kinder auf die Welt, wie sie ist» bedeuten. Die Kinder-Schule, als eine abhängige und isolierte Institution, könnte das falsche Instrument dazu sein – vor allem, wenn sie ein Monopol auf das Lernen hat.

So wenig wir uns die Welt ohne Autos vorstellen können, so wenig ohne Schule. Und beides fängt an, absurd zu werden: Wir konstruieren Autos, die immer schneller fahren können, und setzen rigorose Geschwindigkeitsgrenzen fest; wir erfinden neue Sicherheitsgurte und machen sie obligatorisch; wir bauen riesige Parkhäuser in der Innenstadt und wundern uns, wenn die Autos die Geschäftsstraßen verstopfen; wir setzen den Bleigehalt im Benzin herab, machen es dadurch teurer – und enden bei einem ganz anderen Problem: bei erhöhten Lohnforderungen oder ausländischer Konkurrenz der EWG-Konflikten; wir zerstören unsere Landschaft und Städte durch Autostraßen, um schneller in andere schöne Landschaften und Städte zu gelangen; wir machen die Kinder autosüchtig und lassen sie nicht fahren ... Kurz, wir erdenken und verwirklichen alles nur irgend mögliche, nur das eine nicht: Alternativen zu dem unvernünftig gewordenen Individualverkehr mit Hilfe des Verbrennungsmotors.

Wir werden vielleicht noch in unserer Generation das Sterben des Automobils erleben. Werden wir auch das Sterben der öffentlichen Pflichtschule erleben? Das wird nicht von Ivan Illich abhängen und diesem Buch, in dem die Absurdität dieser Einrichtung so bloßgestellt wird wie oben die des Autos. Wohl aber kann von beidem abhängen, ob dies dann in der Form eines überlegten, geregelten Übergangs zu vorgedachten und womöglich erprobten Gegenmodellen geschieht oder in der Form einer Katastrophe. Damit der epimetheische Mensch inmitten dieser prometheischen Welt überhaupt entstehen kann, muß er eine Chance bekommen; und damit diese Möglichkeit und diese Notwendigkeit erkannt wird, bedarf es eines weit vorgreifenden Entwurfs, einer selbst noch einmal prometheischen Tat, für die ich dieses Buch halte.

Bielefeld, im Juli 1971

Vorwort

Mein Interesse am öffentlichen Bildungswesen verdanke ich Everett Reimer. Ehe wir uns 1958 auf Puerto Rico zum erstenmal begegneten, hatte ich den Wert einer Ausdehnung der Schulpflicht auf alle Menschen niemals in Frage gestellt. Gemeinsam sind wir zu der Einsicht gelangt, daß das Recht zu lernen für die meisten Menschen durch die Pflicht des Schulbesuchs eingeengt wird. Die im CIDOC entstandenen und in diesem Buch zusammengefaßten Aufsätze sind aus Denkschriften hervorgegangen, die ich Reimer vorgelegt habe und die wir im Laufe des Jahres 1970, im dreizehnten Jahr unseres Zwiegesprächs, erörtert haben. Der letzte Aufsatz enthält meine Gedanken nach einem Gespräch mit Erich Fromm über Bachofens *Mutterrecht*.

Seit 1968 haben Reimer und ich uns regelmäßig im Zentrum für interkulturelle Dokumentation (CIDOC) in Cuernavaca in Mexiko getroffen. An unsern Gesprächen hat auch Valentine Borremans, die Leiterin des Zentrums, teilgenommen. Sie hat mich stets gedrängt, ich solle unsere Überlegungen an der Wirklichkeit Lateinamerikas und Afrikas überprüfen. Dieses Buch ist der Spiegel ihrer Überzeugung, daß das Ethos und nicht nur die Institutionen der Gesellschaft «entschult» werden müßten.

Durch Schulung ist allgemeine Bildung nicht erreichbar. Sie wäre eher erreichbar, würde der Versuch mit alternativen, im Stil auf den jetzigen Schulen aufbauenden Einrichtungen unternommen. Allgemeine Bildung ist weder durch eine neue Einstellung der Lehrer zu ihren Schülern noch durch die Vermehrung von Lernmitteln oder Lehrstoffen (im Klassen- oder Schlafzimmer) noch auch durch den Versuch zu erreichen, die Verantwortung des Erziehers auszuweiten, bis sie das ganze Leben seiner Schüler umspannt. Die heutige Suche nach neuen Bildungs*trichtern* muß in die Suche nach deren institutionellem Gegenteil umgekehrt werden: nach Bildungs*geflechten*, die für jeden mehr Möglichkeiten schaffen, jeden Augenblick seines Lebens in eine Zeit des Lernens, der Teilhabe und Fürsorge zu verwandeln. Wir hoffen Vorstellungen zu liefern, deren diejenigen bedürfen, die solche ergänzende Bildungsforschung betreiben – und auch für jene, die Alternativen zu andern etablierten Dienstleistungsgewerben suchen.

Im Frühling und Sommer 1970 legte ich jeden Mittwochmorgen die verschiedenen Teile dieses Buches den Teilnehmern an unsern CIDOC-Veranstaltungen in Cuernavaca vor. Dutzende von ihnen haben Vorschläge oder kritische Anmerkungen gemacht. Viele werden ihre Gedanken auf diesen Seiten wiederfinden, zumal Paulo Freire, Peter Berger und

José Maria Bulnes, aber auch Joseph Fitzpatrick, John Holt, Angel Quintero, Layman, Fred Goodman, Gerhard Ladner, Didier Piveteau, Joel Spring, Augusto Salazar Bondy und Dennis Sullivan. Unter meinen Kritikern hat Paul Goodman mich am radikalsten genötigt, mein Denken zu überprüfen. Robert Silver hat mir beim 1., 3. und 6. Kapitel, die auch in *The New York Review of Books* erschienen, glänzende redaktionelle Hilfe geleistet.

Reimer und ich haben beschlossen, daß jeder von uns seine Ansicht über die gemeinsamen Untersuchungen veröffentlichen soll. Er arbeitet an einer umfassenden dokumentierten Darstellung, die nochmals vier Monate lang kritisch überprüft werden und gegen Ende 1971 bei Doubleday & Co erscheinen soll.[1] Dennis Sullivan, der bei den Zusammenkünften zwischen Reimer und mir die Rolle des Sekretärs gespielt hat, will im Frühjahr 1972 ein Buch herausbringen, das meine Auffassung im Rahmen der gegenwärtigen Debatte über öffentliche Bildung in den Vereinigten Staaten darstellt. Ich lege diese Aufsätze jetzt in der Hoffnung vor, daß sie weitere kritische Beiträge zu einem Seminar über «Bildungsalternativen» provozieren werden, das 1972 und 1973 im CIDOC stattfinden soll.

Ich möchte einige beunruhigende Fragen erörtern, die sich stellen, sobald wir die Hypothese akzeptieren, daß die Gesellschaft entschult werden kann. Ich möchte nach Kriterien suchen, mit deren Hilfe wir die Einrichtungen umreißen können, die Förderung verdienen, weil sie das Lernen in einer entschulten Umwelt unterstützen. Ich möchte schließlich diejenigen persönlichen Zielvorstellungen klären, die der Heraufkunft eines Zeitalters der Muße (scholé) anstelle einer von Dienstleistungsbetrieben beherrschten Wirtschaft dienlich wären.

CIDOC, Cuernavaca November 1970 *Ivan Illich*

1 Die deutsche Ausgabe erschien im November 1972 unter dem Titel «Schafft die Schule ab! Befreiung aus der Lernmaschine» als rororo Sachbuch Nr. 6795.

Warum wir die Schule abschaffen müssen

Viele Schüler, zumal wenn sie arm sind, wissen intuitiv, was die Schulen mit ihnen anstellen. Sie werden geschult, Verfahren und Inhalt miteinander zu verwechseln. Wird dieser Unterschied erst einmal verwischt, so gilt eine neue Logik: je mehr Behandlung, desto besser die Ergebnisse; oder auch: Eskalation führt zum Erfolg. Dergestalt wird der Schüler dazu «geschult», Lehren und Lernen miteinander zu verwechseln, ebenso das Versetztwerden mit Bildung, ein Zeugnis mit Sachkunde und Geläufigkeit mit der Fähigkeit, etwas Neues zu sagen. Seine Vorstellung wird dazu «geschult», eine Dienstleistung anstelle von Werten hinzunehmen. Ärztliche Behandlung wird irrigerweise für Gesundheitspflege gehalten, Sozialarbeit für eine Verbesserung des Gemeinschaftslebens, Polizeischutz für Geborgenheit, militärisches Gleichgewicht für nationale Sicherheit und Pöstchenjägerei für produktive Arbeit. Gesundheit, Lernen, Würde, Unabhängigkeit und schöpferisches Bemühen gelten allenfalls als Leistungen der Institutionen, die angeblich diesen Zwecken dienen. Deren Verbesserung aber macht man davon abhängig, daß man der Leitung von Krankenhäusern, Schulen und andern derartigen Einrichtungen mehr Mittel zur Verfügung stellt.

In diesen Aufsätzen will ich zeigen, daß die Institutionalisierung von Werten unweigerlich zu Umweltverschmutzung, sozialer Polarisierung und psychologischer Impotenz führt: drei Dimensionen eines Ablaufs von weltweitem Verfall und modernisiertem Elend. Ich möchte darlegen, wie dieser Verfallsprozeß beschleunigt wird, wenn immaterielle Bedürfnisse in Nachfrage nach Waren verwandelt werden; wenn Gesundheit, Bildung, persönliche Beweglichkeit, Wohlfahrt oder seelische Heilung als das Ergebnis von Dienstleistungen oder «Behandlung» verstanden werden. Ich tue das, weil ich glaube, daß der größte Teil der heutigen Zukunftsforschung dazu angetan ist, eine weitere Institutionalisierung von Werten zu empfehlen, und daß wir die Bedingungen festlegen müssen, die genau das Gegenteil ermöglichen würden. Wir brauchen Untersuchungen darüber, ob es möglich ist, die Technologie zu benutzen, um Einrichtungen zu schaffen, die dem persönlichen, schöpferischen und selbständigen Zusammenwirken und der Entstehung von Werten dienen, die im wesentlichen nicht von Technokraten beherrscht werden können. Wir brauchen Forschung, welche die heutige Futurologie ergänzt.

Ich möchte die allgemeine Frage nach dem gegenseitigen Verhältnis von menschlicher Natur und dem Wesen der modernen Institutionen stellen, das unser Weltbild und unsere Sprache bestimmt. Um das zu tun, habe ich mir die Schule als Beispiel gewählt; deshalb behandele ich andere bürokratische Einrichtungen des Gemeinwesens nur mittelbar: die Verbraucherfamilie, die Partei, die Armee, die Kirche, die Massenmedien. Meine Untersuchung des verborgenen Schul-Curriculums müßte deutlich machen, daß das öffentliche Bildungswesen aus der Entschulung der Gesellschaft ebenso Nutzen ziehen würde wie das Familienleben, die Politik, die öffentliche Sicherheit, der Glaube und der Meinungsaustausch aus entsprechenden Verfahren.

In diesem ersten Aufsatz beginne ich meine Untersuchung mit dem Versuch darzustellen, was die Entschulung der Gesellschaft bedeuten könnte. Danach sollte es leichter sein zu verstehen, warum ich die fünf besonderen, für diesen Vorgang wichtigen Aspekte ausgewählt habe, die ich in den weiteren Kapiteln behandele.

Nicht nur die Erziehung, sondern die gesellschaftliche Wirklichkeit ist verschult worden. Arme und Reiche in derselben Abhängigkeit schulisch auszubilden, kostet ungefähr dasselbe. Der jährliche Aufwand pro Schüler in irgendeiner von zwanzig nordamerikanischen Großstädten, ob in den Slums oder in den Wohnvierteln der Wohlhabenden, ist ungefähr gleich und begünstigt manchmal sogar die Armen.[1] Reiche und Arme sind gleichermaßen auf Schulen und Krankenhäuser angewiesen, die ihr Leben lenken, ihr Weltbild gestalten und festlegen, was für sie legitim ist und was nicht. Reiche und Arme halten es für unverantwortlich, wenn man sich selber kuriert; halten es für unzuverlässig, wenn man auf eigene Faust lernt; und betrachten ein Organisieren des Gemeinwesens, wenn dafür nicht die Behörden zahlen, als eine Form von Aggression oder Staatsfeindlichkeit. Die Abhängigkeit von institutioneller Behandlung läßt beiden Gruppen unabhängige Leistungen verdächtig erscheinen. Die fortschreitende Unterentwicklung der Unabhängigkeit von einzelnen und Gruppen ist noch typischer für Westchester* als für den Nordosten Brasiliens. Überall bedarf nicht nur das Bildungswesen, sondern die Gesellschaft als Ganzes der «Entschulung».

Wohlfahrtsbürokraten beanspruchen nämlich ein berufliches, politisches und finanzielles Monopol über die gesellschaftliche Phantasie und stellen Richtlinien dafür auf, was wertvoll und was erreichbar ist. Dieses Monopol ist das Grundübel der Modernisierung der Armut. Jedes einfache Bedürfnis, auf das man eine institutionelle Antwort findet, gestattet es, eine neue Klasse von Armen und eine neue Begriffsbestimmung der Armut

1 *Penrose B. Jackson*, Trends in Elementary and Secondary Expenditures: Central City and Suburban Comparisons 1965 to 1968. U.S. Office of Education, Office of Program and Planning Evaluation, Juni 1969.

* Kleine Stadt in Illinois, nicht weit von Chicago. (Anm. d. Übers.)

zu erfinden. Vor zehn Jahren noch war es in Mexiko üblich, im eigenen Hause zu sterben und von seinen Freunden begraben zu werden. Nur um die Seele kümmerte sich die institutionelle Kirche. Beginnt oder beschließt man heute sein Leben im eigenen Hause, so ist das ein Anzeichen entweder für Armut oder für besondere Privilegierung. Sterben und Tod sind unter das institutionelle Management von Ärzten und Leichenbestattern geraten.

Hat eine Gesellschaft erst einmal Grundbedürfnisse in Nachfrage nach wissenschaftlich produzierten Waren verwandelt, so bestimmt sich die Armut nach Maßstäben, welche die Technokraten beliebig verändern können. Armut bezieht sich dann auf Menschen, die auf einem wichtigen Gebiet hinter dem angepriesenen Ideal des Konsums zurückgeblieben sind. In Mexiko ist arm, wem drei Jahre Schulbildung fehlen, in New York sind es diejenigen, denen zwölf Schuljahre fehlen.

Die Armen sind immer ohne gesellschaftliche Macht gewesen. Das zunehmende Angewiesensein auf institutionelle Fürsorge verleiht ihrer Hilflosigkeit eine neue Dimension: seelische Ohnmacht, die Unfähigkeit, für sich selber aufzukommen. Die Bauern auf den Hochebenen der Anden werden von Grundbesitzern und Kaufleuten ausgebeutet; sobald sie sich in Lima ansiedeln, geraten sie zusätzlich in Abhängigkeit von politischen Bossen und sind durch die ihnen fehlende Schulbildung benachteiligt. Die modernisierte Armut verbindet den Mangel an Macht über die Verhältnisse mit einem Verlust an persönlicher Durchschlagskraft. Diese Modernisierung der Armut ist eine weltweite Erscheinung und ein Grundübel der gegenwärtigen Unterentwicklung. Selbstverständlich präsentiert sie sich in reichen und armen Ländern in verschiedener Gewandung.

Am stärksten empfunden wird sie wahrscheinlich in den Großstädten der USA. Nirgends sonst wird Armut mit größerem Aufwand behandelt. Nirgends sonst erzeugt die Behandlung der Armut soviel Abhängigkeit, Zorn, Frustration und zusätzliche Nachfrage. Nirgends sonst auch sollte so deutlich zutageliegen, daß die Armut, wird sie erst einmal modernisiert, gegen eine Behandlung lediglich mit Dollars resistent wird; daher erfordert sie eine institutionelle Revolution.

In den USA können heute Schwarze und sogar Landstreicher auf ein Maß von Unterstützung rechnen, das noch vor zwei Menschenaltern undenkbar gewesen wäre und den meisten Menschen in der Dritten Welt grotesk vorkommt. So können Arme in den USA darauf rechnen, daß ein Jugendpfleger ihre die Schule schwänzenden Kinder in die Schule zurückbringt, bis sie siebzehn werden; oder daß ein Arzt sie in ein Krankenhausbett einweist, das täglich 60 Dollar kostet, was dem dreifachen Monatseinkommen der meisten Menschen auf der Welt entspricht. Solche Fürsorge macht sie aber nur noch abhängiger von weiteren Hilfeleistungen und beraubt sie mehr und mehr der Möglichkeit, ihr Leben gemäß ihren eigenen Erfahrungen und Möglichkeiten in ihrem Gemeinwesen einzurichten.

Die Armen in den Vereinigten Staaten vermögen auf einzigartige Weise von der Gefahr zu sprechen, die alle Armen in einer Welt bedroht, die modern sein will. Sie merken nämlich, daß noch soviele Dollars die eigentümliche zerstörende Wirkung von Wohlfahrtseinrichtungen nicht beseitigen können, sobald erst einmal die professionellen Hierarchien dieser Institutionen die Gesellschaft davon überzeugt haben, daß solche Bemühungen moralisch notwendig seien. Die Armen in den Kerngebieten amerikanischer Großstädte können aus eigener Erfahrung den Trugschluß aufdecken, auf dem die Sozialgesetzgebung in einer «verschulten» Gesellschaft beruht.

William O. Douglas, Richter am Obersten Gerichtshof der USA, hat gesagt: «Der einzige Weg, um eine Institution zu etablieren, besteht darin, daß man sie finanziert». Auch das Gegenteil trifft zu. Nur wenn man den Institutionen, die heute Gesundheitspflege, Bildungswesen und Fürsorge in der Hand haben, die Dollars entzieht, kann man der weiteren Verarmung Einhalt gebieten, die von ihren nachteiligen Nebenwirkungen ausgeht.

Das müssen wir stets bedenken, wenn wir Hilfsprogramme der amerikanischen Regierung beurteilen. So wurden z. B. in amerikanischen Schulen von 1965 bis 1968 mehr als drei Milliarden Dollar aufgewendet, um die Benachteiligung von etwa sechs Millionen Kindern auszugleichen. Das Programm nennt sich «Titel Eins». Es ist das kostspieligste kompensatorische Programm, das jemals irgendwo im Bildungswesen aufgestellt wurde. Trotzdem kann man an den Lernergebnissen dieser «benachteiligten» Kinder keinerlei nennenswerte Verbesserung entdecken; im Vergleich zu ihren Klassenkameraden aus bürgerlichen Familien sind sie sogar weiter zurückgefallen. Überdies entdeckten Fachleute während der Verwirklichung dieses Programms weitere zehn Millionen Kinder, die wirtschaftlich und bildungsmäßig benachteiligt sind. Das liefert neue Gründe, um zusätzliche Bundesmittel anzufordern.

Wenn die Bemühungen um eine bessere Bildung für die Armen trotz aufwendigerer Behandlung so vollständig gescheitert sind, so kann man dafür drei verschiedene Erklärungen anführen:

1. Drei Milliarden Dollar reichen nicht aus, um die Leistungen von sechs Millionen Kindern nennenswert zu steigern; oder
2. das Geld wurde unverständig ausgegeben: Andere Curricula, bessere Verwaltung, stärkere Konzentrierung der Mittel auf arme Kinder und weitere Untersuchungen sind nötig und würden zum Ziel führen; oder
3. Bildungsnachteile lassen sich nicht abstellen, wenn man sich auf die Erziehung in der Schule verläßt.

Das erste trifft sicherlich zu, solange man das Geld über das Schulbudget ausgibt. Zwar erreichte das Geld die Schulen, welche die meisten benachteiligten Kinder hatten, doch wurde es nicht für diese allein ausgegeben. Die Kinder, für die das Geld bestimmt war, bildeten nur etwa die Hälfte derer, die Schulen besuchten, deren Haushalt die zusätzlichen Bundesmittel zugeschlagen wurden. Daher wurden die Mittel nicht nur für Bildungszwecke, sondern auch für Aufsicht, Belehrung und gesellschaftliche Rollenwahl verwendet. Alle diese Funktionen sind in den Gebäuden, Curricula, Lehrern, Verwaltungen und andern Bestandteilen dieser Schulen untrennbar miteinander verwoben, und damit auch in ihren Budgets.

Die zusätzlichen Mittel ermöglichten es den Schulen, unverhältnismäßig viel für die reicheren Kinder zu tun, die dadurch «benachteiligt» waren, daß sie die Schule zusammen mit den armen Kindern besuchen mußten. Auf dem Weg über das Schulbudget erreichte von jedem Dollar, der die Benachteiligung eines armen Kindes beim Lernen beheben sollte, dieses Kind nur ein Bruchteil.

Ebenso könnte es zutreffen, daß das Geld unverständig ausgegeben wurde. Aber sogar ungewöhnliche Unverständigkeit kann nicht größer sein als die Unverständigkeit des Schulsystems selber. Eben durch ihre Struktur verhindern Schulen, daß Vorrechte auf diejenigen konzentriert werden, die in anderer Hinsicht benachteiligt sind. Besondere Curricula, getrennte Klassen oder längere Unterrichtszeit bedeuten nur, daß mit höherem Aufwand noch mehr diskriminiert wird.

Noch sind die Steuerzahler nicht daran gewöhnt, drei Milliarden Dollar aus dem Erziehungsministerium verschwinden zu lassen, als ob es sich um das Pentagon handelte. Die derzeitige Regierung glaubt vielleicht, sie könne sich den Zorn der Pädagogen leisten. Das Bürgertum in Amerika hat nichts zu verlieren, wenn das Schulprogramm beschnitten wird. Arme Eltern befürchten das, vor allem aber wollen sie die Mittel kontrollieren, die für ihre Kinder bestimmt sind. Eine einleuchtende Methode, um das Budget zu beschneiden und hoffentlich mehr Vorteile zu schaffen, ist ein System von Zuschüssen zu Studiengeldern, wie es Milton Friedman und andere vorschlagen. Die Mittel würden dem Begünstigten zufließen und ihn instandsetzen, sich einen Anteil an Schulbildung nach seiner Wahl zu kaufen. Würden solche Darlehen auf Ankäufe beschränkt, die in ein schulisches Curriculum hineinpassen, so würde dadurch ein höheres Maß an gleicher Behandlung geschaffen, nicht aber mehr Gleichheit der sozialen Ansprüche.

Es sollte doch wohl klar sein, daß selbst dann, wenn es Schulen von gleicher Qualität gäbe, ein armes Kind es einem reichen nur selten gleichtun kann. Selbst wenn sie gleiche Schulen besuchen und im gleichen Alter anfangen, fehlen den armen Kindern doch die meisten Bildungsmöglichkeiten, die dem Kind aus bürgerlichem Hause ganz selbstverständlich zur Verfügung stehen. Diese Vorteile reichen von Gesprächen und Büchern im Elternhaus bis zu Ferienreisen und einem andern Selbstgefühl; sie gelten für das Kind, das ihrer teilhaftig wird, innerhalb wie außerhalb der Schule. Deshalb wird der ärmere Schüler durchweg zurückbleiben, solange er für sein Wissen oder für sein Weiterkommen auf die Schule angewiesen ist. Die Armen brauchen Mittel, damit sie lernen können, nicht damit ihnen die Behandlung ihrer angeblich unverhältnismäßig großen Unvollkommenheit attestiert wird.

Das alles gilt für arme ebenso wie für reiche Nationen, doch tritt es in den reichen anders in Erscheinung. Die modernisierte Armut trifft in armen Nationen mehr Menschen sichtbarer, aber gegenwärtig auch oberflächlicher. Zwei Drittel aller Kinder in Lateinamerika verlassen die Schule, ehe sie die 5. Klasse abgeschlossen haben, doch sind diese *«desertores»* nicht so schlimm dran, wie sie es in den Vereinigten Staaten wären.

Heute sind nur noch wenige Länder Opfer der klassischen Armut, die stabil und weniger hinderlich war. Die meisten Länder in Lateinamerika haben den «Startpunkt» zu wirtschaftlicher Entwicklung und konkurrierendem Konsum, und damit zu modernisierter Armut, erreicht: ihre Bürger haben gelernt, reich zu denken und arm zu leben. Die Gesetze schreiben eine sechs- bis zehnjährige Schulpflicht vor. Nicht nur in Argentinien, sondern auch in Mexiko oder Brasilien beurteilt der Durchschnittsbürger eine ausreichende Bildung nach amerikanischen Maßstäben, obwohl die Chance, eine so lange Schulbildung zu erhalten, sich auf eine verschwindende Minderheit beschränkt. In diesen Ländern ist die Mehrheit bereits der Gefangene der Schule, d. h. sie werden in dem Gefühl erzogen, den besser Geschulten unterlegen zu sein. Ihr Fanatismus für die Schule ermöglicht es, sie auf doppelte Weise auszubeuten: er gestattet es, daß mehr Mittel für die Erziehung von wenigen zur Verfügung gestellt werden, und vermehrt die Bereitschaft der Vielen, sich mit gesellschaftlicher Kontrolle abzufinden.

Daß allgemeine Schulbildung unbedingt notwendig sei, wird widersinnigerweise am festesten in denjenigen Ländern geglaubt, wo bisher die wenigsten Menschen in den Genuß der Schulen gekommen sind und kommen werden. Dabei könnten die meisten Eltern und Kinder in Lateinamerika immer noch ganz andere Wege zur Bildung einschlagen. Dort könnten relativ größere Teile des Volksvermögens in Schulen und Lehrer investiert werden als in reichen Ländern, doch reichen diese Investitionen nicht entfernt aus, um der Mehrheit den Vorteil eines auch nur vierjährigen Schulbesuchs zu ermöglichen. Fidel Castro redet so, als wolle er Entschulung anstreben, wenn er verspricht, daß Cuba bis 1980 imstande sein werde, seine Universität aufzulösen, weil bis dahin das ganze Leben auf Cuba ein pädagogisches Erlebnis sein werde. Auf dem Gebiet des höheren Schulwesens aber handelt Cuba genau so wie alle andern lateinamerikanischen Länder: als ob es ein für alle unbezweifelbares Ziel sei, einen als «Schulalter» bezeichneten Zeitabschnitt zu durchlaufen, was lediglich bisher durch einen Mangel an Mitteln verzögert werde.

Das Ideal vermehrter Schulerziehung, wie sie in den USA tatsächlich geliefert, in Lateinamerika aber nur versprochen wird, wächst sich zu entsprechender Täuschung aus. Im Norden werden die Armen durch eben jene zwölfjährige Behandlung verkrüppelt, deren Mangel die Armen im Süden als hoffnungslos rückständig abstempelt. Weder in Nordamerika noch in Lateinamerika erlangen die Armen durch pflichtmäßigen Schulbesuch Gleichheit. Aber hier wie dort entmutigt das bloße Vorhandensein von Schulen die Armen und hindert sie daran, ihr Lernen selbst in die Hand zu nehmen. Überall auf der Welt hat die Schule auf die Gesellschaft eine bildungsfeindliche Wirkung: Die Schule gilt als die auf Bildung spezialisierte Institution. Das Versagen der Schule wird von den meisten Leuten als Beweis dafür angesehen, daß Bildung eine sehr kostspielige, sehr schwierige, immer geheimnisvolle und häufig nahezu unlösbare Aufgabe sei.

Das Geld, die Menschen und die Bereitschaft, die für Bildungszwecke verfügbar sind, eignet sich die Schule an und hindert zudem noch andere Institutionen daran, pädagogische Aufgaben zu übernehmen. Weil Schulbildung als Voraussetzung für Lebensgewohnheiten und Wissen gilt, hängen Arbeit, Freizeit, Politik, städtisches Leben und sogar das Familienleben von den Schulen ab, anstatt selber zu Mitteln der Erziehung zu werden. Gleichzeitig werden Schulen und andere Einrichtungen, die von ihnen abhängen, unerschwinglich.

In den USA sind die Pro-Kopf-Kosten der Schulbildung fast ebenso rasch gestiegen wie die Kosten der ärztlichen Behandlung. Medizinische Aufwendungen für Menschen über 45 haben sich im Laufe von vier Jahrzehnten mehrmals verdoppelt; das Ergebnis ist eine Zunahme der Lebenserwartung um 3 Prozent. Noch seltsamere Ergebnisse haben die Aufwendungen für das Bildungswesen erbracht; sonst hätte Präsident Nixon sich wohl nicht veranlaßt gesehen, im Frühjahr 1970 zu versprechen, daß jedes Kind bald das «Recht auf Lesen» haben solle, ehe es die Schule verläßt.

In den USA würde es jährlich 80 Milliarden Dollar kosten, das zu erreichen, was Pädagogen als gleiche Erziehung aller in Volksschule und höherer Schule ansehen. Das ist weit mehr als das Doppelte der gegenwärtig aufgewendeten 36 Milliarden. Unabhängig angestellte Berechnungen lassen vermuten, daß die Vergleichszahlen für 1974 107 Milliarden gegenüber den gegenwärtig projektierten 45 Milliarden sein werden. Dabei lassen diese Zahlen die gewaltigen Kosten für das sogenannte höhere Bildungswesen völlig außer acht, dessen Bedarf noch schneller zunimmt. Die Vereinigten Staaten, die 1969 fast 80 Milliarden Dollar für «Landesverteidigung» einschließlich deren Betätigung in Vietnam ausgegeben haben, sind offensichtlich zu arm, um gleiche Schulbildung für alle bereitstellen zu können. Der vom Präsidenten eingesetzte Ausschuß zum Studium der Schulfinanzierung sollte nicht fragen, wie er solche wachsenden Kosten aufbringen oder beschneiden kann, sondern wie sie sich vermeiden lassen.

Man muß zugeben, daß gleiche Schulbildung für alle mindestens wirtschaftlich unerreichbar ist. In Lateinamerika wird an öffentlichen Mitteln für jeden, der die Universität absolviert, zwischen 350 und 1500 mal soviel aufgewendet wie für den Durchschnittsbürger (das ist derjenige Bürger, der in der Mitte zwischen den Ärmsten und den Reichsten steht). In den Vereinigten Staaten ist die Diskrepanz geringer, die Diskriminierung jedoch schärfer. Die reichsten Eltern, etwa 10 Prozent, können sich für ihre Kinder eine private Ausbildung leisten und ihnen außerdem zu Stiftungsstipendien verhelfen. Ferner erhalten sie an öffentlichen Mitteln etwa zehnmal soviel wie die Kinder jener 10 Prozent, welche die Ärmsten der Bevölkerung sind. Der wichtigste Grund dafür ist, daß die reichen Kinder länger auf der Schule bleiben, daß ein Jahr auf der Universität unverhältnismäßig mehr kostet als ein Jahr auf der High School, und daß fast alle privaten Universitäten mindestens mittelbar auf die Finanzierung aus Steuergeldern angewiesen sind.

Pflichtmäßiger Schulbesuch führt unweigerlich zur Polarisierung einer Gesellschaft. Auch ordnet er die Völker der Welt in ein internationales Kastensystem ein. Wie Kasten werden die Länder nach ihrem Bildungsrang eingestuft, der davon abhängt, wieviele Jahre ihre Bürger durchschnittlich auf einer Schule zubringen. Diese Bewertung hängt eng damit zusammen, wie groß der Pro-Kopf-Anteil am Bruttosozialprodukt ist, nur wird sie viel schmerzlicher empfunden.

Der Widersinn der Schulen ist offenkundig. Vermehrte Aufwendungen steigern ihre zerstörende Wirkung, und zwar im Inland wie im Ausland. Dieser Widersinn muß in der Öffentlichkeit diskutiert werden. Es gilt jetzt als sicher, daß die natürliche Umwelt bald durch biochemische Verschmutzung zerstört sein wird, wenn wir die derzeitigen Methoden der Warenerzeugung nicht ändern. Ebenso sollte man zugeben, daß das Leben der Gesellschaft und des einzelnen auf ähnliche Weise von einer Verschmutzung durch Bildungsverwaltung bedroht wird, die das unvermeidliche Abfallprodukt eines pflichtmäßigen, wettbewerblichen Konsums von Fürsorge ist.

Die Eskalation der Schulen ist ebenso destruktiv wie die Eskalation von Waffen, nur merkt man es weniger. Überall in der Welt sind die Kosten der

Schulen schneller gestiegen als die Schülerzahlen und ebenfalls schneller als das Bruttosozialprodukt. Trotzdem bleiben die Aufwendungen für Schulen überall immer weiter hinter den Erwartungen von Eltern, Lehrern und Schülern zurück. Überall behindert dieser Zustand sowohl die Motivation als auch die Finanzierung einer umfassenden Planung nichtschulischen Lernens. Die Vereinigten Staaten lehren die Welt, daß kein Land reich genug sein kann, um sich ein Schulsystem zu leisten, das den Anforderungen genügt, die ebendieses Schulsystem durch sein bloßes Vorhandensein hervorruft. Das liegt daran, daß ein erfolgreiches Schulsystem Eltern und Schüler dazu erzieht, größten Wert auf ein noch weiter ausgebautes Schulsystem zu legen, obwohl dessen Kosten unverhältnismäßig ansteigen, je mehr höhere Stufen verlangt werden und je seltener es sie gibt.

Anstatt gleiche Schulbildung für alle als vorläufig unerreichbar zu bezeichnen, sollten wir zugeben, daß sie wirtschaftlich absurd ist und daß der bloße Versuch, sie zu erreichen, zu intellektueller Entkräftung und gesellschaftlicher Polarisierung führt und außerdem die Glaubwürdigkeit des politischen Systems zerstört, dem sie entspringt. Die Ideologie der Schulpflicht kennt keine logischen Grenzen. Dafür lieferte unlängst das Weiße Haus ein gutes Beispiel. Dr. Hutschnecker, der «Psychiater», der Mr. Nixon behandelte, ehe dieser Präsidentschaftskandidat wurde, empfahl dem Präsidenten, daß alle Kinder im Alter von sechs bis acht Jahren ärztlich untersucht werden sollten, um diejenigen mit destruktiven Anlagen ausfindig zu machen; diese sollten dann zwangsweise behandelt und nötigenfalls in besonderen Anstalten erzogen werden. Diese Denkschrift seines Arztes legte der Präsident dem Erziehungsministerium zur Beurteilung vor. Vorbeugende Konzentrationslager für angehende Verbrecher wären allerdings eine logische Weiterentwicklung des Schulwesens.

Gleiche Bildungschancen sind in der Tat ein wünschenswertes und auch erreichbares Ziel; wer das aber mit Schulpflicht gleichsetzt, verwechselt die Erlösung mit der Kirche. Die Schule ist zur Weltreligion eines modernisierten Proletariats geworden und macht den Armen des technischen Zeitalters leere Erlösungsversprechungen. Der Nationalstaat hat sich diese Religion zu eigen gemacht und unterwirft nun alle seine Bürger einem abgestuften Curriculum, das weiterhin zu Diplomen führt, wie ganz ähnlich in früherer Zeit die ersten Weihen zu hieratischen Beförderungen führten. Der moderne Staat hat es sich zur Pflicht gemacht, das Urteil seiner Erzieher durch gutgemeinte Jugendpfleger und berufliche Anforderungen auf ähnliche Weise durchzusetzen, wie einstmals die spanischen Könige das Urteil ihrer Theologen durch Konquistadoren und die Inquisition durchsetzten.

Vor zweihundert Jahren führten die USA eine weltweite Bewegung an, die das Monopol einer einzigen Kirche beseitigen sollte. Jetzt brauchen wir die verfassungsmäßige Beseitigung des Schulmonopols, also eines Systems, das kraft Gesetzes Vorurteil mit Diskriminierung verbindet. Der erste Artikel eines Grundrechtskatalogs für eine moderne, humane Gesellschaft würde dem Ersten Zusatzartikel zur amerikanischen Verfassung entsprechen: «Der Staat soll kein Gesetz über die Errichtung eines Bildungssystems erlassen.» Es soll kein für alle verpflichtendes Ritual geben.

Um solche Abschaffung wirksam zu machen, brauchen wir ein Gesetz, das jede Diskriminierung verbietet, welche die Anstellung, das Stimmrecht oder die Zulassung zu Bildungseinrichtungen davon abhängig macht, daß man an einem lehrplanmäßigen Unterricht teilgenommen hat. Solche Garantie würde Befähigungsprüfungen für ein Amt oder eine sonstige Aufgabe nicht ausschließen. Sie würde aber die derzeitige absurde Benachteiligung gegenüber demjenigen beseitigen, der eine bestimmte Fertigkeit mit dem größten Aufwand an öffentlichen Mitteln erlernt oder, was ebenso wahrscheinlich ist, ein Diplom zu erlangen vermocht hat, das nichts mit einer nützlichen Fertigkeit oder Tätigkeit zu tun hat. Nur wenn man den Bürger davor schützt, daß er während seiner Schulzeit durch irgend etwas disqualifiziert wird, kann eine verfassungsmäßige Abschaffung der Schule psychologisch wirksam werden.

Durch die Schule werden weder Wissen noch Gerechtigkeit gefördert, weil die Erzieher darauf bestehen, Unterweisung mit Benotung zu verbinden. Lernen und die Zuweisung gesellschaftlicher Aufgaben werden zur Schulung verschmolzen. Dabei bedeutet Lernen, eine neue Fertigkeit oder Erkenntnis zu gewinnen, während Beförderung von der Meinung abhängt, die sich andere gebildet haben. Lernen ist häufig das Ergebnis von Unterweisung, aber die Auswahl für eine Aufgabe oder Kategorie am Arbeitsmarkt hängt immer mehr von der Länge des Schulbesuches ab.

Unterweisung wählt aus, was zur Erleichterung des Lernens dient. Rollen werden zugeteilt, indem man ein Curriculum von Bedingungen festlegt, die der Bewerber erfüllen muß, wenn er aufsteigen soll. Die Schule bindet die Unterweisung, nicht aber das Lernen an diese Rollen. Das ist weder vernünftig noch wirkt es befreiend. Es ist nicht vernünftig, weil es nicht etwa relevante Eigenschaften oder Fähigkeiten mit den Rollen verknüpft, sondern vielmehr das Verfahren, durch das man solche Eigenschaften angeblich erwirbt. Es wirkt nicht befreiend oder bildend, weil die Schule die Unterweisung denjenigen vorbehält, deren Lernen Schritt für Schritt Maßstäben einer vorher festgelegten gesellschaftlichen Kontrolle entspricht.

Das Curriculum hat von jeher dazu gedient, gesellschaftlichen Rang zu verleihen. Manchmal konnte es sogar pränatal sein: das Karma versetzt den einen in eine Kaste und verleiht dem Adel einen Stammbaum. Das Curriculum konnte die Form eines Rituals annehmen, einer Folge von heiligen Weihen; oder es konnte in einer Abfolge von Leistungen im Krieg oder bei der Jagd bestehen; oder der weitere Aufstieg konnte von einer Reihe vorhergehender fürstlicher Gunstbezeigungen abhängig sein. Die allgemeine Schulbildung sollte dazu dienen, die Rollenzuweisung von den persönlichen Verhältnissen unabhängig zu machen. Sie sollte jedermann für jedes Amt die gleiche Chance verschaffen. Noch heute glauben viele Leute zu Unrecht, die Schule sorge dafür, daß öffentliches Vertrauen von wesentlichen Lernerfolgen abhänge. Anstatt jedoch Gleichheit der Chancen zu schaffen, hat das Schulwesen deren Zuteilung monopolisiert.

Um hinreichende Befähigung vom Curriculum zu lösen, müssen Fragen nach dem lernmäßigen Werdegang eines Menschen genauso unzulässig werden wie Fragen nach seiner politischen Einstellung, seinem Kirchenbesuch, seinen Vorfahren, seinen sexuellen Gewohnheiten oder seiner rassischen Herkunft. Es müssen Gesetze geschaffen werden, welche die Diskriminierung aufgrund früheren Schulbesuches verbieten. Natürlich können Gesetze nicht das Vorurteil gegen Ungeschulte beseitigen, auch sollen sie ja niemanden hindern, einen Autodidakten zu heiraten – aber ungerechtfertigter Diskriminierung können sie begegnen.

Die zweite große Illusion, auf der das Schulsystem beruht, besteht in der Annahme, daß Lernen meistens das Ergebnis von Unterricht sei. Gewiß kann Unterricht unter bestimmten Umständen zu gewissen Arten des Lernens beitragen. Die meisten Menschen aber erwerben den größten Teil ihres Wissens außerhalb der Schule; in der Schule erwerben sie es nur insoweit, als in einigen reichen Ländern die Schule der Ort geworden ist, an dem sie während einer wachsenden Spanne ihres Lebens eingesperrt werden.

Das meiste Lernen erfolgt beiläufig, und selbst beabsichtigtes Lernen ist meistens nicht das Ergebnis von programmierter Unterweisung. Normale Kinder lernen ihre erste Sprache nebenbei. Die meisten Menschen, die eine zweite Sprache gut sprechen lernen, tun das aufgrund irgendwelcher Umstände, nicht aber durch regelmäßigen Unterricht. Sie ziehen zu ihren Großeltern, sie reisen oder sie verlieben sich in einen Ausländer. Flüssiges Lesen ist auch häufig das Ergebnis außerschulischer Betätigung. Die Mehrzahl aller Leute, die viel und gern lesen, glauben nur, sie hätten das auf der Schule gelernt; spricht man sie darauf an, so trennen sie sich leicht von dieser Illusion.

Der Umstand, daß Lernen auch heute großenteils nebenbei erfolgt und Abfallprodukt irgendeiner andern Tätigkeit ist, die als Arbeit oder Freizeit verstanden wird, bedeutet aber nicht, daß geplantes Lernen keinen Nutzen aus geplanter Unterweisung ziehe und daß beide nicht verbesserungsbedürftig seien. Der lernbegierige Schüler, der vor der Aufgabe steht, eine neue, schwierige Fertigkeit zu erlernen, kann großen Gewinn aus der Methode des altmodischen Schulmeisters ziehen, der Lesen, Hebräisch, Katechismus oder einfaches Rechnen unterrichtete. In der Schule ist diese Art von Paukunterricht heute selten geworden, doch gibt es viele Fertigkeiten, die ein eifriger Schüler, der normal begabt ist, auf diese Weise in wenigen Monaten meistern kann. Das gilt für einen Code ebenso wie für dessen Verschlüsselung, für zweite und dritte Fremdsprachen ebenso wie für Lesen und Schreiben; es gilt ferner für Spezialkenntnisse wie z. B. Algebra, Computer-Programmierung und chemische Analysen oder auch für Handfertigkeiten wie Maschineschreiben, Uhrmacherei, Klempnerei, das Verlegen von elektrischen Leitungen, Fernsehreparaturen oder auch schließlich für Tanzen, Fahren und Tauchen.

In gewissen Fällen könnte die Zulassung zu einem Lernprogramm, das eine bestimmte Fertigkeit zum Ziel hat, die Beherrschung einer andern Fertigkeit voraussetzen. Sie sollte jedoch keinesfalls von dem Verfahren abhängen, mit dem solche erforderlichen Fertigkeiten erworben wurden. Um Fernsehgeräte reparieren zu können, muß man Lesen und Schreiben und ein bißchen Mathematik beherrschen. Das Tauchen erfordert gutes Schwimmen, das Autofahren aber von alledem sehr wenig.

Der Fortschritt beim Erlernen von Fähigkeiten ist meßbar. Der optimale Aufwand an Zeit und Material, den ein durchschnittlich begabter Erwachsener benötigt, läßt sich leicht abschätzen. Eine zweite westeuropäische Sprache bis zu merklicher Geläufigkeit zu lehren, kostet in den USA zwischen 400 und 600 Dollar; bei einer östlichen Sprache müßte man für die Unterweisung wohl die doppelte Zeit rechnen. Das wäre immer noch sehr wenig im Vergleich zu den Kosten eines zwölfjährigen Schulbesuchs in New York City (annähernd 15000 Dollar), der Voraussetzung für eine Anstellung im Gesundheitsamt ist. Sicherlich schützen nicht nur Lehrer, sondern auch Buchdrucker und Apotheker ihr Gewerbe dadurch, daß sie dem Publikum die Illusion vermitteln, ihre Ausbildung sei sehr kostspielig.

Gegenwärtig verschlingen die Schulen den größten Teil der für Bildungszwecke verfügbaren Mittel. Einpaukkurse, die weniger kosten als vergleichbarer Schulunterricht, sind heute ein Privileg von Leuten, die reich genug sind, um die Schulen zu umgehen, oder auch von denen, die entweder die Armee oder die Industrie in eigene Ausbildungsstätten schickt. Bei einem Programm fortschreitender Entschulung des amerikanischen Bildungswesens würden die für Einpaukkurse (drill training) verfügbaren Mittel zunächst begrenzt sein. Schließlich aber sollte es jedermann freistehen, zu jedem Zeitpunkt seines Lebens unter Hunderten von bestimmten Fertigkeiten auszuwählen und auf öffentliche Kosten darin ausgebildet zu werden.

Schon heute ließen sich für Menschen aller Altersstufen, und zwar nicht nur für die Armen, in begrenztem Umfang Bildungsgutscheine bereitstellen, die in jeder Ausbildungsstätte eingelöst werden können. Ich stelle mir solche Gutscheine in Form eines Bildungspasses oder einer Bildungskreditkarte vor, die jeder Bürger bei seiner Geburt erhält. Zugunsten der Armen, die ihre jährlichen Guthaben wahrscheinlich nicht schon in jungen Jahren ausnutzen würden, sollte eine Verzinsung vorgesehen werden, die später die Ausnutzung der angesammelten «Ansprüche» ermöglicht. Solche Bildungskredite würden es vielen Menschen ermöglichen, sich nach ihrem Belieben die am meisten gefragten Fertigkeiten anzueignen, und zwar besser, schneller, billiger und mit weniger unerwünschten Nebenwirkungen als in der Schule.

Personen, die als Lehrer für Fertigkeiten in Betracht kommen, werden niemals über längere Zeit hinweg knapp sein, weil einerseits die Nachfrage nach einer Fertigkeit in einem Gemeinwesen nur gleichzeitig mit ihrer Anwendung zunimmt, und weil andererseits ein Mann, der eine Fertigkeit ausübt, diese auch lehren kann. Heute aber werden Leute, die eine begehrte Fertigkeit ausüben, welche einen Menschen als Lehrer erfordert, daran gehindert, diese Fertigkeit andern mitzuteilen. Das geschieht entweder durch Lehrer, welche die Zulassung monopolisieren, oder durch Gewerkschaften, die ihre gewerblichen Interessen schützen wollen. Lehrstätten, die von ihren Benutzern nach ihren Ergebnissen beurteilt würden, und nicht nach dem von ihnen beschäftigten Personal oder nach ihren Lehrverfahren, würden ungeahnte Arbeitsmöglichkeiten erschließen, und zwar auch für diejenigen, von denen es heute heißt, man könne sie nicht mehr beschäftigen. Es ist übrigens nicht einzusehen, warum solche Lehrstätten nicht am Arbeitsplatz selber geschaffen werden sollten, so daß der Arbeitgeber und seine Mitarbeiter denen, die ihre Bildungsguthaben auf diese Weise ausnutzen wollen, zugleich Unterweisung und Arbeit verschafft.

In der Erzdiözese New York ergab sich 1956 die Notwendigkeit, mehreren hundert Lehrern, Sozialarbeitern und Geistlichen Spanisch beizubringen, damit sie sich den Puertoricanern verständlich machen konnten. Mein Freund Gerry Morris gab über eine spanisch sendende Rundfunkstation bekannt, daß er Leute aus Harlem benötigte, deren Muttersprache das Spanische war. Am nächsten Tag versammelten sich vor seinem Büro etwa 200 Teenager. Unter ihnen wählte er etwa fünfzig aus, darunter viele, die vorzeitig aus der Schule abgegangen waren. Er unterwies sie im Gebrauch des Spanisch-Lehrbuches des amerikanischen Foreign Service Institute, das für Sprachstudenten mit Collegebildung bestimmt ist. Binnen einer Woche waren seine Lehrer selbständig. Jedem wurden vier New Yorker zugeteilt, welche Spanisch lernen wollten. Nach sechs Monaten war der Auftrag ausgeführt. Kardinal Spellman konnte behaupten, daß in 127 seiner Pfarreien jeweils mindestens drei Mitarbeiter sich auf Spanisch verständlich machen konnten. Kein Schulprogramm hätte es mit diesem Ergebnis aufnehmen können.

Der Glaube an den Wert von Konzessionierung läßt Leute knapp werden, die Fertigkeiten lehren können. Das Zeugniswesen ist eine Art von Marktmanipulation und erscheint nur einem verschulten Geist einleuchtend. Die meisten konzessionierten Lehrer in Berufsschulen sind weniger erfindungsreich und weniger begabt, sich mitzuteilen, als die besten Handwerker und Gewerbetreibenden selber. Sehr viele Lehrer, die in High Schools Spanisch oder Französisch unterrichten, sprechen die Sprache nicht so korrekt, wie es ihre Schüler könnten, wenn sie sechs Monate an einem Einpaukkurs teilgenommen hätten. Versuche, die Angel Quintero auf Puerto Rico angestellt hat, lassen vermuten, daß viele junge Menschen, gibt man ihnen nur den nötigen Anreiz und die richtigen Themen und Hilfsmittel, es besser als die meisten Schullehrer verstehen, ihresgleichen in die wissenschaftliche Beschäftigung mit Pflanzen, Sternen und Rohstoffen einzuführen und ihr Verständnis dafür zu wecken, wie ein Motor oder ein Rundfunkgerät funktioniert.

Die Möglichkeiten, eine Fertigkeit zu erlernen, lassen sich enorm vermehren, wenn wir den «Markt» erschließen. Das hängt davon ab, daß man den richtigen Schüler, wenn dieser sich von einem gescheiten Programm stark angesprochen fühlt, mit dem richtigen Lehrer ohne den Zwang eines Curriculums zusammenbringt.

Ein freier, wettbewerblicher Paukunterricht (drill instruction) erscheint dem orthodoxen Erzieher als bösartige Blasphemie. Er löst den Erwerb von Fertigkeiten von der «humanen» Bildung, welche die Schulen zusammen in einen Topf werfen. Daher fördert er unkonzessioniertes Lernen nicht weniger als unkonzessioniertes Lehren für nicht vorherbestimmbare Zwecke.

Jetzt liegt ein Vorschlag vor, der auf den ersten Blick sehr vernünftig wirkt. Er stammt von Christopher Jencks vom «Center for the Study of Public Policy» und wird unterstützt vom «Office of Economic Opportunity». Er sieht vor, daß Eltern oder Schüler «Berechtigungen» oder Stipendien erhalten, die von der Schule ihrer Wahl eingelöst werden müssen. Solche individuellen Berechtigungen könnten allerdings ein wichtiger Schritt in richtiger Richtung sein. Wir müssen das Recht jedes Bürgers auf einen gleichen Anteil an Bildungsaufwand aus Steuermitteln gewährleisten, so daß er diesen Anspruch geltend machen und, falls er ihm verweigert wird, einklagen kann. Das ist eine Art Garantie gegen rückwirkende Besteuerung.

Der Vorschlag von Jencks beginnt jedoch mit einer bedenklichen Feststellung: «Konservative, Liberale und Radikale haben früher oder später alle darüber Klage geführt, daß das amerikanische Bildungswesen hauptberuflichen Erziehern zu wenig Anreiz biete, den meisten Kindern eine hochwertige Bildung zu vermitteln.» So bringt der Vorschlag sich selber in Mißkredit, weil er Stipendien befürwortet, die dem herkömmlichen Schulsystem zugute kämen.

Ebensogut könnte man einem Lahmen ein Paar Krücken mit der Auflage geben, daß er sie nur benutzen dürfe, wenn deren Enden zusammengebunden sind. In seiner jetzigen Form kommt der Vorschlag für Bildungsstipendien nicht nur den hauptberuflichen Erziehern entgegen, sondern auch Rassisten, Trägern von religiösen Schulen und anderen, deren Interessen zu einer Spaltung der Gesellschaft beitragen. Vor allem aber sind Bildungsberechtigungen, die nur in Schulen gültig sind, Wasser auf die Mühlen derer, die weiterhin in einer Gesellschaft leben möchten, in der sozialer Aufstieg nicht an erwiesene Kenntnisse, sondern an den Lernstammbaum gebunden sind, mittels dessen sie angeblich erworben werden. Diese Diskriminierung zugunsten von Schulen, von der Jencks Erörterung einer Refinanzierung der Bildung beherrscht wird, könnte einen der wichtigsten Grundsätze der Bildungsreform in Mißkredit bringen: daß nämlich Initiative und Verantwortung für das Lernen dem Lernenden oder seinem unmittelbarsten Berater zurückgegeben werden.

Die Entschulung der Gesellschaft setzt voraus, daß man die Doppelgesichtigkeit des Lernvorgangs erkennt. Bestände man allein auf dem Einpauken von Fertigkeiten, so könnte das verheerend sein; gleiches Gewicht muß man auf andere Seiten des Lernens legen. Sind aber Schulen der falsche Ort, um eine Fertigkeit zu erlernen, sind sie es erst recht, um Bildung zu vermitteln. Die Schule erfüllt beide Aufgaben deshalb schlecht, weil sie häufig nicht zwischen ihnen unterscheidet. Zur Unterweisung in Fertigkeiten taugt die Schule nicht, weil sie an Curricula gebunden ist. In den meisten Schulen wird ein Programm, das eine Fertigkeit fördern soll, stets an eine andere, dafür belanglose Aufgabe gekettet. Geschichte wird mit Fortschritten in Mathematik verknüpft, der Schulbesuch überhaupt mit dem Recht, den Sportplatz zu benutzen.

Noch weniger taugen Schulen dazu, die Möglichkeiten eines zweckfreien Lernens zu fördern, für das allein ich den Begriff «liberal education» reservieren möchte. Das liegt vor allem daran, daß der Schulbesuch Pflicht ist und zur Schulung um der Schulung willen wird. Der erzwungene Aufenthalt in Gesellschaft von Lehrern führt zu dem fragwürdigen Privileg, diesen Aufenthalt fortsetzen zu dürfen. Genau wie die Unterweisung in Fertigkeiten von lehrplanmäßigen Behinderungen befreit werden muß, so muß eine liberale Bildung von pflichtmäßigem Schulbesuch getrennt werden. Das Erlernen von Fertigkeiten und das Aneignen von Bildung zum Zweck eines phantasievollen und schöpferischen Verhaltens können beide durch institutionelle Vorkehrungen gefördert werden, doch sind diese von unterschiedlicher, häufig gegensätzlicher Natur.

Die meisten Fertigkeiten lassen sich durch Pauken erlernen und verbessern, weil Fertigkeit die Beherrschung von bestimmtem, vorhersehbarem Verhalten bedeutet. Die Unterweisung in Fertigkeiten kann sich daher auf Nachahmung der Praxis stützen. Die Erziehung zur forschenden, schöpferischen Anwendung von Fertigkeiten darf sich jedoch nicht auf Pauken verlassen. Bildung kann das Ergebnis von Unterweisung sein, allerdings eine Unterweisung, die dem Pauken diametral entgegengesetzt ist. Sie stützt sich auf das Verhältnis zwischen Partnern, die bereits einige von den Schlüsseln besitzen, welche den Zugang zu den von der Gemeinschaft angesammelten Wissensschätzen ermöglichen. Bildung stützt sich auf die kritische Absicht aller derer, die erinnertes Wissen schöpferisch verwenden. Sie rechnet mit der überraschenden Wirkung der unerwarteten Frage, die dem Suchenden und seinem Partner neue Türen aufschließt.

Wer eine Fertigkeit lehrt, stützt sich auf die Anordnung bestimmter Umstände, die es dem Lernenden ermöglichen, festliegende Antworten zu finden. Wer zur Bildung führt oder sie lehrt, ist darum bemüht, passende Partner zusammenzuführen, damit Lernen stattfinden kann. Er führt einzelne Menschen zusammen, die von ihren eigenen ungelösten Fragen ausgehen. Allenfalls hilft er dem Schüler, seinen Problemen Ausdruck zu verleihen, weil nur eine klare Aussage ihm die Kraft geben wird, den passenden Partner zu finden, der sich genau wie er in diesem Augenblick gedrängt fühlt, dieselbe Frage in demselben Zusammenhang zu erforschen.

Anfänglich erscheint es schwieriger, sich vorzustellen, daß man Partner für Bildungszwecke zusammenführt, als daß man Lehrer für Fertigkeiten oder Partner für ein Spiel findet. Das liegt zum Teil an der tiefen Ängstlichkeit, welche die Schule uns eingeflößt hat – eine Ängstlichkeit, die uns kritisch stimmt. Die unbefugte Weitergabe von Fertigkeiten – selbst solche unerwünschter Art – ist leichter abzuschätzen und erscheint daher weniger gefährlich als die unbeschränkte Möglichkeit, mit Menschen zusammenzutreffen, die ein gemeinsames Problem haben, das für sie in diesem Augenblick von sozialer, intellektueller und gefühlsmäßiger Bedeutung ist.

Der brasilianische Lehrer Paolo Freire weiß das aus Erfahrung. Er hat entdeckt, daß jeder Erwachsene in etwa 40 Stunden die Anfänge des Lesens erlernen kann, wenn die ersten Wörter, die er entziffert, Bedeutung für das Leben der Allgemeinheit haben. Freire veranlaßt seine Lehrer, in ein Dorf zu gehen und die Wörter herauszufinden, die zu diesem Zeitpunkt wichtige Probleme bezeichnen, etwa den Zugang zu einem Brunnen oder die Zinsen für das Geld, das man dem Pächter schuldet. Abends versammeln sich die Dorfbewohner, um über diese Schlüsselwörter zu reden. Sie beginnen zu erkennen, daß jedes Wort auf der Tafel stehen bleibt, auch wenn sein Klang verflogen ist. Die Buchstaben erschließen auch weiterhin die Wirklichkeit und machen sie als Problem faßbar. Ich habe oft erlebt, wie die Menschen beim Diskutieren in soziales Bewußtsein hineinwachsen und sich gedrängt fühlen, ebenso schnell, wie sie lesen lernen, auch für die Gemeinschaft aktiv zu werden. Es scheint, als nähmen sie die Wirklichkeit in die Hand, indem sie diese aufschreiben.

Ich denke an den Mann, der sich über das Gewicht der Bleistifte beschwerte: man könne schlecht mit ihnen umgehen, weil sie nicht so schwer sind wie eine Schaufel. Oder jener andere, der mit seinen Kameraden auf dem Weg zur Arbeit stehen blieb und mit der Hacke das Wort in den Boden schrieb, über das sie gerade sprachen: *agua*. Seit 1962 zieht mein Freund Freire von einem Exil ins andere, und zwar vornehmlich weil er sich weigert, seinen Unterricht über Wörter zu halten, die von anerkannten Erziehern vorher ausgewählt werden, und nicht über Wörter, die seine Diskussionsteilnehmer in den Unterricht mitbringen.

Eine andere Aufgabe ist es, Menschen zu Bildungszwecken zusammenzuführen, die mit Erfolg eine Schule absolviert haben. Die einer solchen Hilfeleistung nicht bedürfen, sind eine Minderheit – selbst unter den Lesern ernsthafter Zeitschriften. Die Mehrheit läßt sich zur Erörterung eines Slogans, eines Wortes oder eines Bildes nicht ermuntern, und man sollte das auch nicht versuchen. Der Zweck ist jedoch der gleiche: sie um ein Problem sammeln zu können, da sie aus eigener Initiative ausgewählt und formuliert haben. Schöpferisches, forschendes Lernen macht es nötig, Gleichgesinnte zu finden, die in diesem Augenblick von denselben Begriffen oder Problemen bedrängt werden. Große Universitäten versuchen das vergeblich durch eine Vervielfachung ihrer Kurse zu erreichen. Im allgemeinen scheitern sie dabei, weil sie an Curriculum, Kursstruktur und bürokratische Verwaltung gebunden sind. In Schulen und Universitäten werden die meisten Mittel darauf verwendet, für eine begrenzte Zahl von Leuten Zeit und Motivation zu kaufen, damit diese vorher festgelegte Probleme in einem rituell bestimmten Rahmen anpacken. Die radikalste Alternative zur Schule wäre ein System oder eine Organisation, die jedermann die gleiche Gelegenheit bietet, seine jeweiligen Anliegen mit andern zu teilen, welche dieselben Anliegen haben.

Als Beispiel möchte ich anführen, wie man in New York City geistige Kontakte herstellen könnte. Jeder könnte jederzeit und zu geringen Kosten über einen Computer seine Adresse und Telefonnummer mitteilen lassen und dabei das Buch, den Aufsatz, den Film oder die Schallplatte nennen, über die er mit einem Partner diskutieren möchte. Binnen weniger Tage könnte er durch die Post eine Liste von andern Personen erhalten, die in letzter Zeit die gleiche Initiative ergriffen haben. Diese Liste würde es ihm ermöglichen, telefonisch eine Zusammenkunft mit Personen zu verabreden, von denen er zunächst nur wüßte, daß sie ein Gespräch über dasselbe Thema wünschen.

Menschen aufgrund ihres Interesses an einem bestimmten Thema zusammenzuführen, ist im Grunde einfach. Es gestattet die Identifizierung allein aufgrund des gegenseitigen Verlangens, die Aussage einer dritten Person zu erörtern, und überläßt die Initiative für das Zustandekommen des Treffens dem einzelnen. Gegen diesen schlichten Plan werden gewöhnlich drei Einwände vorgebracht. Ich greife sie hier nicht nur auf, um die Theorie zu erläutern, die ich mit meinem Vorschlag anschaulich machen möchte – die Einwände beleuchten nämlich den tief eingewurzelten Widerstand gegen die Entschulung des Bildungswesens und die Trennung von Lernen und gesellschaftlicher Kontrolle –, sondern auch deshalb, weil sie dazu beitragen können, bisher für Lernzwecke nicht genutzte Möglichkeiten aufzuweisen.

Hier ist der erste Einwand: Warum kann man die Selbstidentifizierung nicht auch auf eine *Idee* oder ein allgemeines Problem gründen? Auch solche subjektiven Vorstellungen müßten sich doch bei einem Computer-System verwenden lassen. Politische Parteien, Kirchen, Vereine, Clubs, Nachbarschaftsgruppen und berufsständische Verbände organisieren ihre Bildungsbemühungen bereits auf diese Weise und treten praktisch als Schulen auf. Sie alle führen Menschen zusammen, um gewisse «Themen» zu untersuchen; man behandelt diese in Kursen, Seminaren und Lehrplänen, wobei vorweg «gemeinsame Interessengebiete» festgelegt werden. Solche Diskussionen sind ihrem Wesen nach auf Lehrer angewiesen. Sie erfordern die Anwesenheit einer Autorität, die den Teilnehmern den Ausgangspunkt für ihre Diskussion erläutert.

Demgegenüber stellt die Zusammenkunft aufgrund eines Buches oder Filmes es dem Autor des Werkes anheim, die besondere Ausdrucksweise, die Umstände und den Rahmen zu bestimmen, innerhalb derer ein Problem oder eine Tatsache dargestellt werden. Sie ermöglicht es denen, die diesen Ausgangspunkt akzeptieren, sich gegenseitig zu identifizieren. Führt man z. B. Menschen um den Begriff «Kulturrevolution» zusammen, so endet das gewöhnlich in Verwirrung oder in Demagogie. Im Gegensatz dazu entspricht es, wenn die an einem bestimmten Aufsatz von Mao, Marcuse, Freud oder Goodman Interessierten zusammenkommen und diskutieren, durchaus der großen Tradition liberalen Lernens: von Platos Dialogen, die um angebliche Äußerungen des Sokrates aufgebaut worden sind, bis hin zu Thomas von Aquins Kommentaren zu Petrus Lombardus. Deshalb unterscheidet sich das Zusammenführen aufgrund von Werken grundlegend von der Theorie, nach der beispielsweise die Buchgemeinschaften aufgebaut worden sind. Anstatt sich auf die von irgendwelchen Professoren in Chicago getroffene Auswahl zu verlassen, können jeweils zwei Partner jedes beliebige Buch ihren Untersuchungen zugrundelegen.

Der zweite Einwand lautet: Warum soll die Mitteilung bei der Partnersuche nicht Angaben über Lebensalter, Herkunft, Weltanschauung, Fähigkeiten, Erfahrungen oder andere Wesenszüge enthalten? Es gibt wiederum keinen Grund, weshalb solche unterschiedlichen Einschränkungen nicht von einigen der vielen Universitäten – mit oder ohne Mauern – übernommen werden sollten, die das Zusammenführen nach Themen als ihr organisatorisches Grundprinzip ansehen. Ich könnte mir Zusammenkünfte interessierter Personen vorstellen, bei denen der Autor des ausgewählten Buches anwesend ist oder sich vertreten läßt; oder ein System, bei dem die Anwesenheit eines sachkundigen Beraters gewährleistet ist; oder andere Veranstaltungen, zu denen nur Studenten einer Fakultät oder einer Hochschule zugelassen sind; oder ausschließlich Zusammenkünfte von Menschen, die ihre besondere Einstellung zu dem diskutierten Werk mitteilen. Bei jeder solcher Beschränkung ließen sich Vorteile für das Erreichen bestimmter Lernziele feststellen. Ich fürchte jedoch, daß in der Mehrzahl der Fälle, in denen solche Beschränkungen vorgeschlagen werden, der eigentliche Grund Geringschätzung ist: sie entspringt der Annahme, die Leute seien unwissend. Erzieher möchten verhindern, daß ein Unwissender sich mit einem andern Unwissenden zur Erörterung eines Textes zusammentut, den sie vielleicht nicht verstehen und *nur* deshalb lesen, weil er sie interessiert.

Der dritte Einwand: Warum stellt man den Partner-Suchenden nicht Hilfseinrichtungen zur Verfügung, die ihre Zusammenkünfte erleichtern, also Räume, Programme, Filmvorführungen und Versicherungsschutz? Das leisten jetzt Schulen mit der ganzen Unzulänglichkeit, wie sie große Bürokratien auszeichnet. Überließen wir die Initiative für Zusammenkünfte den Partner-Suchenden selber, so würden Organisationen, die heute niemand dem Bildungswesen zurechnet, wahrscheinlich die Aufgabe viel besser lösen. Ich denke an Restaurantbesitzer, Verleger, Telefonbeantwortungsdienste, Direktoren von Warenhäusern und selbst an Leute, die für den Berufsverkehr verantwortlich sind und diesen dadurch fördern könnten, daß sie ihre Verkehrsmittel für die Abhaltung von Bildungsgesprächen einrichten.

So könnten die Partner bei einer ersten Begegnung in einem Café sich dadurch miteinander bekanntmachen, daß sie das zur Rede stehende Buch neben ihre Tasse legen. Wer die Initiative zu solchen Zusammenkünften ergreift, wird bald lernen, welche Themen man anschneiden muß, um die Menschen zu treffen, die andere suchen. Das Risiko, daß die selbstgewählte Diskussion mit einem oder mehreren Fremden zu Zeitverlust, Enttäuschung oder gar Unannehmlichkeiten führt, ist gewiß geringer als das Risiko von jemand, der sich um die Zulassung zu einem College bewirbt. Eine von einem Computer arrangierte Zusammenkunft in einem Café an der Ecke der Fourth Avenue, bei der ein Aufsatz aus einer großen Zeitschrift diskutiert werden soll, würde keinen Teilnehmer verpflichten, in der Gesellschaft seiner neuen Bekannten länger zu verweilen, als er braucht, um eine Tasse Kaffee zu trinken. Auch brauchte er keinen von diesen Leuten jemals wiederzutreffen. Die Chance, daß eine solche Zusammenkunft dazu beitragen würde, das Nebelhafte des Lebens in einer Großstadt zu lichten und neue Freundschaften, selbstgewählte Arbeit und kritisches Lesen zu fördern, ist groß. (Der Umstand, daß ein Bericht über Privatlektüre und solche Zusammenkünfte dem FBI zugänglich gemacht werden könnte, ist nicht zu leugnen. Daß aber das im Jahre 1970 noch irgend jemand beunruhigen könnte, ist für einen freien Menschen nur komisch, der ja nolens volens seinen Teil dazu beiträgt, daß die Schnüffler in den von ihnen gesammelten Belanglosigkeiten ertrinken.)

Der Austausch von Fertigkeiten und das Zusammenführen von Partnern beruhen auf der Annahme, daß Bildung für alle auch Bildung durch alle bedeutet. Nicht die Rekrutierung für eine spezielle Institution, sondern nur die Mobilmachung der gesamten Bevölkerung kann zu einer Volkskultur führen. Das gleiche Recht jedes Menschen, seine Fähigkeit zum Lernen und zum Unterweisen zu betätigen, wird heute durch konzessionierte Lehrer blockiert. Die Möglichkeiten des Lehrers wiederum werden auf das beschränkt, was in der Schule getan werden kann. Außerdem werden dadurch Arbeit und Freizeit einander entfremdet: Der Zuschauer soll ebenso wie der Arbeiter am Ort seiner Tätigkeit mit der Bereitschaft erscheinen, sich in eine für ihn vorbereitete Routine einzufügen. Anpassung in Gestalt einer Industrieform, einer Gebrauchsanweisung und Werbung schleift beide für ihre Rolle ebenso zurecht wie der heutige Schulunterricht. Eine radikale Alternative zu einer verschulten Gesellschaft erfordert nicht nur neue Mechanismen für den geregelten Erwerb von Fertigkeiten und deren bildungsmäßige Verwendung. Eine entschulte Gesellschaft setzt eine neue Einstellung zu beiläufiger oder zwangloser Bildung voraus.

Die beiläufig erfolgende Bildung kann selbstverständlich nicht mehr zu den Formen zurückkehren, die das Lernen im Dorf oder in der mittelalterlichen Stadt hatte. Die herkömmliche Gesellschaft glich eher konzentrischen Kreisen von sinnvollen Strukturen, während der moderne Mensch lernen muß, wie er einen Sinn in vielen Strukturen findet, mit denen er nur am Rande zu tun hat. Im Dorf vertrugen sich Sprache und Baukunst und Arbeit und Religion und Familienbräuche miteinander. Sie erklärten und verstärkten sich gegenseitig. Wuchs man in das eine hinein, dann auch in die andern. Selbst fachliche Lehrzeit war ein Nebenprodukt fachlicher Betätigung, etwa der Schuhmacherei oder des Chorsingens. Auch wenn ein Lehrling niemals Meister oder Gelehrter wurde, trug er doch dazu bei, daß Schuhe gemacht oder die Gottesdienste feierlich ausgestaltet wurden. Die Bildung brauchte sich weder mit der Arbeit noch mit der Freizeit um Zeit zu streiten. Fast alle Bildung war vielfältig, lebenslang und ungeplant.

Die heutige Gesellschaft ist das Ergebnis bewußter Entwürfe, und Bildungsmöglichkeiten müssen ebenfalls dafür entworfen werden. Wir werden uns künftig weniger auf spezialisierte Ganzzeitunterweisung durch Schulen verlassen dürfen, sondern werden neue Wege finden müssen, um zu lernen und zu lehren: Die bildende Wirkung aller Institutionen muß wieder zunehmen. Als Prognose ist das freilich zweischneidig. Es könnte bedeuten, daß die Menschen in der modernen Großstadt in zunehmendem Maße zu Opfern eines durchgreifenden Prozesses totaler Unterweisung und Manipulierung werden, wenn sie nämlich auch noch der dürftigen Andeutung einer kritischen Unabhängigkeit beraubt werden, die liberale Schulen heute wenigstens einigen ihrer Schüler verschaffen. Es kann allerdings auch bedeuten, daß die Menschen sich weniger hinter Schulzeugnissen verschanzen und dadurch mehr Mut bekommen, die Einrichtungen, an denen sie teilhaben, durch Widerspruch zu kontrollieren und zu beeinflussen. Um eine solche Entwicklung zu sichern, müssen wir lernen, die soziale Bedeutung von Arbeit und Freizeit daran zu messen, wieviel Nehmen und Geben in puncto Bildung sie ermöglichen. Wirksame Teilnahme an der gesellschaftlichen Funktion einer Straße, eines Arbeitsplatzes, einer Bibliothek, eines Nachrichtenprogramms oder Krankenhauses ist daher der beste Maßstab, um deren Bedeutung als Bildungseinrichtungen abzuschätzen.

Unlängst sprach ich mit einer Gruppe älterer Schüler, die gerade eine Widerstandsbewegung gegen ihre zwangsmäßige Versetzung in die nächste Klasse organisierten. Ihre Parole hieß: «Mittun, nicht heucheln!» Sie waren enttäuscht, daß man das als eine Forderung nach weniger und nicht nach mehr Bildung verstand. Das erinnerte mich an den Widerstand, den Karl Marx vor hundert Jahren gegen einen Absatz im Gothaer Parteiprogramm leistete, der Kinderarbeit für ungesetzlich erklärte. Er widersetzte sich dem Vorschlag jedoch um der Jugend willen, deren Bildung nur bei der Arbeit stattfinden könne. Sollte die wertvollste Frucht der Arbeit eines Menschen die Bildung sein, die er aus ihr gewinnt, und ferner die Möglichkeit, welche ihm die Arbeit verschafft, um die Bildung anderer in die Wege zu leiten, dann ist die pädagogische Entfremdung der modernen Gesellschaft noch schlimmer als ihre wirtschaftliche Entfremdung.

Das Haupthindernis auf dem Weg zu einer echten Bildungsgesellschaft wurde von einem schwarzen Freund von mir in Chicago treffend geschildert, als er sagte, unsere Phantasie sei «völlig verschult». Wir gestatten dem Staat, allgemeine Bildungsmängel seiner Bürger festzustellen und dann eine spezielle Institution zu schaffen, welche die Mängel beheben soll. So erliegen wir dem Trugschluß, daß wir unterscheiden könnten zwischen dem, was für andere notwendige Bildung sei und was nicht – genau wie frühere Generationen Gesetze schufen, die bestimmten, was heilig und was profan war.

Durkheim hat erkannt, daß die Einteilung der gesellschaftlichen Wirklichkeit in zwei Reiche das Wesen der formalen Religion ausmacht. Er sagt, es gebe Religionen ohne Übernatürliches und andere Religionen ohne persönliche Götter; es gebe aber keine Religion, welche nicht die Welt in Gegenstände, Zeitabschnitte und Personen einteilt, die als heilig gelten – und andere, die demzufolge profan sind. Durkheims Einsicht läßt sich auf die Bildungssoziologie übertragen, denn die Schule bewirkt auf ähnliche Weise eine radikale Teilung.

Das bloße Vorhandensein pflichtmäßiger Schulen scheidet die Gesellschaft in zwei Reiche: Es gibt Zeitabschnitte, Vorgänge, Behandlungsweisen und Berufe, die als «akademisch» oder «pädagogisch» gelten, andere dagegen nicht. Diese Macht der Schulen, die gesellschaftliche Wirklichkeit aufzuteilen, kennt keine Grenzen: Die Bildung wird weltfremd, und die Welt wird bildungsfremd.

Theologen haben seit Bonhoeffer auf die Verwirrung hingewiesen, die heute zwischen biblischer Botschaft und institutioneller Religion herrscht. Sie weisen auf die Erfahrung hin, daß christliche Freiheit und christlicher Glaube gewöhnlich aus der Säkularisierung Nutzen ziehen. Natürlich erscheinen solche Feststellungen vielen Männern der Kirche gotteslästerlich. Fraglos wird der Bildungsprozeß ebenso aus der Entschulung der Gesellschaft Nutzen ziehen, obwohl solche Forderung vielen Schulmännern wie ein Verrat an der Aufklärung vorkommt. Es ist aber gerade die Aufklärung, die heute in unseren Schulen ausgelöscht wird.

Die Säkularisierung des christlichen Glaubens hängt davon ab, daß in der Kirche verwurzelte Christen sich dieser Aufgabe widmen. Auf ganz ähnliche Weise hängt die erfolgreiche Entschulung der Bildung von Führern ab, die in Schulen erzogen worden sind. Ein Festhalten am Curriculum kann ihnen nicht als Alibi für diese Aufgabe dienen. Jeder von uns bleibt verantwortlich für das, was aus ihm geworden ist, selbst wenn er vielleicht nicht viel anderes tun kann, als diese Verantwortung zu akzeptieren und anderen als Warnung zu dienen.

Eine Phänomenologie der Schule

Manche Wörter werden so dehnbar, daß sie nicht länger brauchbar sind. Dazu gehören die Begriffe «Schule» und «Lehren». Wie eine Amöbe passen sie fast in jede Lücke der Sprache hinein. ABM (die Anti-Raketen-Rakete) wird die Russen lehren, IBM (Internationale Büro-Maschinen) wird die Negerkinder lehren, und die Armee kann zur Schule der Nation werden.

Deshalb muß die Suche nach Alternativen im Bildungswesen damit beginnen, daß man sich einigt, was wir unter «Schule» verstehen. Das kann auf mehr als eine Weise geschehen. Zunächst könnten wir eine Liste der latenten Funktionen aufstellen, die vom modernen Schulwesen wahrgenommen werden, so z. B. Beaufsichtigung (custodial care), Auslese, Indoktrination und Lernen. Wir könnten auch eine Benutzeranalyse vornehmen und feststellen, welche dieser latenten Funktionen Lehrern, Arbeitgebern, Kindern, Eltern oder den freien Berufen nützen oder schaden. Wir könnten die Geschichte der westlichen Zivilisation und das von der Anthropologie gesammelte Material durchgehen, um Institutionen ausfindig zu machen, die einmal eine ähnliche Rolle gespielt haben wie heute die Schulbildung. Wir könnten uns schließlich die vielen normativen Erklärungen ins Gedächtnis rufen, die seit den Zeiten des Comenius oder auch des Quintilian abgegeben worden sind, um herauszufinden, welcher davon das heutige Schulwesen am nächsten kommt. Aber auf jedem dieser Wege würden wir genötigt sein, von bestimmten Vermutungen über ein Verhältnis zwischen Schule und Bildung auszugehen. Um eine Ausdrucksweise zu entwickeln, mittels derer wir über Schule reden können, ohne immer wieder auf Bildung zurückzukommen, will ich mit einer Phänomenologie der öffentlichen Schule beginnen. Zu diesem Zweck nenne ich «Schule» das altersbezogene, an Lehrer gebundene Verfahren, bei dem der Schüler die ganze Zeit an einem obligatorischen Curriculum teilnehmen muß.

1. Alter

Die Schule teilt die Menschen nach ihrem Lebensalter ein. Diese Einteilung beruht auf drei Voraussetzungen, die nicht in Frage gestellt werden. Kinder gehoren in die Schule. Kinder lernen in der Schule. Nur in der Schule kann man die Kinder lehren. Diese einfach hingenommenen Voraussetzungen verdienen ernstlich in Frage gestellt zu werden.

Wir haben uns an Kinder gewöhnt. Wir haben beschlossen, daß sie zur

Schule gehen, gehorchen und weder eigenes Einkommen noch eigene Familie haben sollen. Wir erwarten von ihnen, daß sie wissen, was sich gehört, und sich wie Kinder benehmen. Mit Sehnsucht oder Bitterkeit erinnern wir uns der Zeit, als auch wir Kinder waren. Man erwartet von uns, daß wir das kindische Benehmen von Kindern hinnehmen. Für uns ist die Menschheit eine Spezies, die zugleich dazu verdammt und damit gesegnet ist, für Kinder zu sorgen. Wir vergessen jedoch, daß unser heutiger Begriff «Kindheit» sich in Westeuropa erst in jüngerer Zeit, in Amerika noch später herausgebildet hat.[1]

Den meisten historischen Epochen war Kindheit – im Gegensatz zu Säuglingsalter, Entwicklungsjahren und Jugend – unbekannt. Einige christliche Jahrhunderte hatten nicht einmal einen Blick für die körperlichen Proportionen der Kindheit. Die Künstler stellten das kleine Kind als einen Mini-Erwachsenen auf dem Arm seiner Mutter dar. In Europa tauchten Kinder gleichzeitig mit den Taschenuhren und den christlichen Geldverleihern der Renaissance auf. Vor unserm Jahrhundert wußten weder Arme noch Reiche etwas von besonderer Kinderkleidung, Kinderspielen oder gesetzlicher Straffreiheit von Kindern. Das Stadium «Kindheit» gehörte zum Bürgertum. Das Arbeiterkind, das Bauernkind und das Kind des Edelmannes kleideten sich alle genau so wie ihre Väter, spielten ebenso wie ihre Väter und wurden wie ihre Väter gehenkt. Nach der Entdeckung der «Kindheit» durch das Bürgertum änderte sich dies alles. Nur einige Kirchen hielten noch einige Zeit an der Würde und Reife der Jungen fest. Bis zum II. Vatikanischen Konzil wurde jedes Kind dahin unterwiesen, daß ein Christ mit sieben Jahren sittliche Urteilsfähigkeit und Freiheit erlangt und danach imstande ist, Sünden zu begehen, für die er in alle Ewigkeit in der Hölle bestraft werden kann. Gegen Mitte dieses Jahrhunderts begannen bürgerliche Eltern mit dem Versuch, ihren Kindern die Wirkung dieser Lehre zu ersparen, und ihre Auffassung vom Kind hat sich jetzt auch in der Praxis der Kirche durchgesetzt.

Bis zum vorigen Jahrhundert wurden «Kinder» von bürgerlichen Eltern mit Hilfe von Hauslehrern und Privatschulen herangebildet. Erst seit der Industriegesellschaft wurde die Massenproduktion von «Kindheit» möglich und den Massen erreichbar. Das Schulwesen ist ebenso wie die Kindheit, die sie erzeugt, eine moderne Erscheinung.

Da die meisten heute lebenden Menschen außerhalb von Industriestädten wohnen, lernen die meisten Menschen heute Kindheit nicht kennen. In den Anden bestellt man den Acker, sobald man «brauchbar» geworden ist. Vorher hütet man Schafe. Wer gut genährt ist, sollte mit elf brauchbar

1 Über historische Parallelen zwischen modernem Kapitalismus und heutiger Kindheit siehe: *Philippe Aries*, Centuries of Childhood, New York 1962.

sein, sonst mit zwölf. Unlängst sprach ich mit meinem Nachtwächter Marcos über seinen elfjährigen Sohn, der im Friseurladen arbeitet. Ich ließ die Bemerkung fallen, daß sein Sohn noch ein «niño» sei. Marcos war überrascht und antwortete arglos lächelnd: «Das mag wohl sein, Don Ivan.» Mir wurde klar, daß Marcos bis zu meiner Bemerkung den Jungen vornehmlich als seinen «Sohn» betrachtet hatte, und ich hatte ein schlechtes Gewissen, weil ich zwischen zwei vernünftige Menschen den Vorhang «Kindheit» gezogen hatte. Würde ich dagegen einem Slumbewohner in New York sagen, daß sein bereits arbeitender Sohn noch ein «Kind» sei, so würde ihn das nicht überraschen. Er weiß sehr wohl, daß seinem elfjährigen Sohn Kindheit zusteht, und ist erbittert darüber, daß er sie nicht bekommt. Marcos' Sohn muß noch mit dem Verlangen nach Kindheit infiziert werden, der Sohn des New Yorker entbehrt sie bereits.

Die meisten Menschen wollen also entweder für ihre Sprößlinge keine moderne Kindheit oder können diese nicht erlangen. Anscheinend aber bedeutet Kindheit für eine ganze Anzahl von den wenigen, denen sie gestattet ist, eine Belastung. Viele von ihnen werden einfach dazu gezwungen und sind keineswegs glücklich darüber, die Kinderrolle spielen zu müssen. Durch Kindheit hindurch heranzuwachsen, bedeutet verurteilt zu sein zu einem Prozeß, der ein unmenschlicher Konflikt zwischen dem eigenen Selbstbewußtsein und der von der Gesellschaft auferlegten Rolle ist, während diese Gesellschaft selbst erst ihr Schulalter durchmacht. Weder Stephen Daedalus noch Alexander Portnoy hatten Freude an ihrer Kindheit, und ich vermute, daß auch viele von uns sich nicht gern als Kinder behandeln ließen.

Gäbe es keine altersbezogene und pflichtmäßige Lerninstitution, so würde die Produktion von «Kindheit» eingestellt werden. Die Jugend reicher Nationen würde von ihrer zerstörenden Wirkung befreit werden, und arme Nationen würden gar nicht erst versuchen, es mit der Kinderei der Reichen aufzunehmen. Würde die Gesellschaft auf das Kindheitsstadium verzichten, so müßte sie für junge Menschen lebenswert werden. Das heutige Mißverhältnis zwischen einer Erwachsenengesellschaft, die human zu sein behauptet, und einer schulischen Umwelt, die der Wirklichkeit Hohn spricht, ließe sich nicht länger aufrechterhalten. Die Abschaffung der Schulen könnte auch der gegenwärtigen Benachteiligung von kleinen Kindern, Erwachsenen und Alten zugunsten der Kinder während ihrer Entwicklungs- und Jugendjahre ein Ende machen. Die Entscheidung der Gesellschaft, Bildungsmittel vornehmlich denjenigen Bürgern zuzuteilen, die die außergewöhnliche Lernfähigkeit ihrer ersten vier Jahre bereits hinter sich gelassen, den Höhepunkt selbstmotivierten Lernens aber noch nicht erreicht haben, wird später einmal wahrscheinlich als absurd empfunden werden.

Die institutionelle Klugheit sagt uns, daß Kinder Schulen brauchen. Sie sagt uns ferner, daß Kinder in der Schule lernen. Diese institutionelle Klugheit ist aber wiederum ein Produkt der Schule, denn der gesunde Menschenverstand sagt uns, daß man nur Kinder in der Schule lehren kann. Nur weil wir menschliche Wesen in die Kategorie Kindheit verwiesen haben, konnten wir sie überhaupt dazu bringen, sich der Autorität eines Schullehrers zu unterwerfen.

2. *Lehrer und Schüler*

Kinder werden als Schüler begriffen. Die Nachfrage nach Kindheitsmilieu schafft einen unbeschränkten Markt für anerkannte Lehrer. Als Institution ruht die Schule auf dem Grundsatz, daß Lernen ein Ergebnis von Lehren sei. Und die institutionelle Klugheit läßt diesen Grundsatz weitergelten, obwohl für das Gegenteil überwältigende Beweise vorliegen.

Den größten Teil dessen, was wir wissen, haben wir alle außerhalb der Schule gelernt. Schüler lernen das meiste ohne ihre Lehrer und häufig trotz diesen. Am tragischsten ist, daß die meisten Menschen von Schulen einen Denkzettel erhalten, obwohl sie diese niemals besucht haben.

Wie man lebt, lernt jeder außerhalb der Schule. Wir lernen sprechen, denken, lieben, fühlen, spielen, fluchen, politisieren und arbeiten, ohne daß sich ein Lehrer darum kümmert. Selbst Kinder, die Tag und Nacht unter der Obhut von Lehrern sind, bilden da keine Ausnahme. Waisenkinder, Idioten und Lehrersöhne lernen das meiste von dem, was sie lernen, außerhalb des für sie geplanten «Bildungsweges». Mit ihrem Versuch, die Armen mehr lernen zu lassen, sind die Lehrer selber arm dran. Armen Eltern, die ihre Kinder in die Schule schicken möchten, geht es weniger um das, was sie dort lernen, als um das Zeugnis und das Geld, das sie dann verdienen werden. Und bürgerliche Eltern vertrauen ihre Kinder der Obhut eines Lehrers an, damit sie nicht lernen, was die Armen auf der Straße lernen. Die Bildungsforschung beweist in zunehmendem Maße, daß Kinder das, was die Lehrer zu lehren vorgeben, größtenteils von ihresgleichen, aus Comic-Strips, durch zufällige Beobachtung und vor allem durch ihre bloße Teilnahme am Schulritual lernen. Soweit in den Schulen überhaupt etwas gelernt wird, sind Lehrer eher hinderlich.

Die Hälfte der Menschen auf unserer Erde hat niemals eine Schule betreten. Sie haben keine Verbindung zu Lehrern, und das Privileg durchzufallen bleibt ihnen vorenthalten. Trotzdem lernen sie ziemlich gründlich, was die Schule lehrt: daß sie mehr Schule brauchen und immer noch mehr Schule. Die Schule unterweist sie in ihrer Unterlegenheit durch das Finanzamt, das sie dafür Steuern zahlen läßt; oder durch den Demagogen, der ihre Erwartungen in die Höhe schraubt; oder durch die eigenen Kinder, wenn diese erst einmal von der Schule eingefangen worden sind. So werden die Armen ihrer Selbstachtung beraubt, indem sie sich dem Glauben verschreiben, das Heil könne nur durch die Schule kommen. Die Kirche ließ ihnen immerhin noch die Chance, in der Sterbestunde zu bereuen. Die Schule läßt sie allein mit der Erwartung, die eine falsche Hoffnung ist: daß ihre Enkel es schaffen werden. Diese Erwartung bedeutet natürlich noch mehr Lernen, das von der Schule kommt, aber nicht von Lehrern.

Das Verdienst an dem größten Teil ihres Wissens haben Schüler niemals den Lehrern zugeschrieben. Gescheite und Dumme haben sich gleichermaßen auf Rechnen, Lesen und ihren eigenen Witz verlassen, um die Prüfungen zu bestehen, zu denen sie durch Zwang oder durch die Verlockung einer ersehnten Karriere angespornt wurden.

Erwachsene neigen dazu, ihre Schulzeit romantisch zu verklären. Rückblickend schreiben sie ihr Wissen dem Lehrer zu, dessen Geduld sie zu bewundern gelernt haben. Dieselben Erwachsenen würden sich aber Sorgen um den Geisteszustand eines Kindes machen, das ihnen zu Hause erzählt, was es von jedem seiner Lehrer gelernt hat.

Schulen schaffen Posten für Schullehrer, was immer die Schüler von ihnen lernen mögen.

3. *Ganztätige Teilnahme*

Jeden Monat sehe ich eine neue Liste von Vorschlägen, die irgendein amerikanischer Industriezweig dem AID* vorlegt, um anzuregen, daß lateinamerikanische «Klassenzimmer-Praktiker» durch ausgebildete Programmtechniker oder einfach durch Fernsehen ersetzt werden. In den Vereinigten Staaten setzt sich Unterrichten als ein Unternehmen, das von Teams aus Bildungsforschern, Designern und Technikern betrieben wird, allmählich durch. Ob nun aber der Lehrer eine alte Schulmeisterin oder Gruppe von Männern in weißen Kitteln ist, und ob sie nun die im Katalog aufgeführten Fächer erfolgreich unterrichten oder nicht, so schafft der berufsmäßige Lehrer einen heiligen Bezirk um sich herum.

Die Ungewißheit über die Zukunft des Lehrberufes ist eine Gefahr für die Idee des Klassenzimmers. Würden berufsmäßige Erzieher sich darauf spezialisieren, das Lernen zu fördern, so müßten sie auf eine Einrichtung verzichten, die jährlich 750 bis 1000 Zusammenkünfte erfordert. Aber Lehrer tun natürlich viel mehr. Die institutionelle Klugheit der Schulen

* Agency for International Development, eine Abteilung des Außenministeriums, welche die Auslandshilfe koordiniert. (Anm. d. Übers.)

sagt Eltern, Schülern und Erziehern, daß der Lehrer, wenn er lehren soll, seine Autorität in einem geheiligten Bezirk ausüben müsse. Das gilt selbst für solche Lehrer, deren Schüler den größten Teil ihrer Schulzeit in einer Klasse ohne Wände zubringen.

Die Schule neigt ihrem Wesen nach dazu, Zeit und Kräfte ihrer Teilnehmer in vollem Umfang zu beanspruchen. Das wiederum macht aus dem Lehrer einen Wächter, Prediger und Therapeuten.

In jeder dieser drei Rollen gründet der Lehrer seine Autorität auf einen besonderen Anspruch. Der «Lehrer als Wächter» tritt als Zeremonienmeister auf, der seine Schüler durch ein langwieriges rituelles Labyrinth geleitet. Er ist Schiedsrichter über das Einhalten von Regeln und wacht über den schwierigen Ablauf der Einführung ins Leben. Im besten Falle schafft er den Rahmen für den Erwerb einer Fertigkeit, wie Schulmeister es von jeher getan haben. Ohne die Illusion, er könne tiefschürfendes Wissen vermitteln, drillt er seine Schüler in routiniertem Grundverhalten. Der «Lehrer als Moralist» tritt an die Stelle von Eltern, Gott oder Staat. Er trichtert dem Schüler ein, was Recht oder Unrecht ist, und zwar nicht nur in der Schule, sondern in der Gesellschaft überhaupt. Er vertritt an jedem einzelnen Elternstelle und sorgt so dafür, daß alle sich als Kinder desselben Staatswesens fühlen.

Der «Lehrer als Therapeut» fühlt sich ermächtigt, in das Innenleben seines Schülers einzudringen, um ihm bei der Entwicklung seiner Persönlichkeit zu helfen. Wird diese Rolle von einem Wächter oder Prediger wahrgenommen, so bedeutet das gewöhnlich, daß er den Schüler dazu überredet, sich damit abzufinden, daß seine Vorstellung von Wahrheit und sein Rechtsgefühl gezügelt werden.

Die Behauptung, eine liberale Gesellschaft lasse sich auf der modernen Schule aufbauen, ist widersinnig. Alle Sicherungen der persönlichen Freiheit werden im Umgang eines Lehrers mit seinem Schüler aufgehoben. Vereinigt der Lehrer in seiner Person die Rollen des Richters, des Ideologen und des Arztes, so wird der bestimmende Stil der Gesellschaft gerade durch die Einrichtung verdorben, die eigentlich auf das Leben vorbereiten soll. Ein Lehrer, der diese drei Machtfunktionen in sich vereinigt, trägt zur Verkümmerung des Kindes viel mehr bei als die Gesetze, die dessen juristische oder wirtschaftliche Minderjährigkeit begründen oder das Recht auf Versammlungs- und Aufenthaltsfreiheit beschränken.

Die Lehrer sind keineswegs der einzige Beruf, der eine Therapie anbietet. Psychiater, Studien- und Berufsberater, ja sogar Rechtsanwälte sind ihren Klienten dabei behilflich, Entscheidungen zu treffen, ihre Persönlichkeit zu entwickeln und zu lernen. Gleichwohl sagt einem der gesunde Menschenverstand, daß die Angehörigen dieser Berufe darauf verzichten sollten, ihre Meinung von dem, was richtig oder falsch ist, dem Klienten aufzunötigen oder ihn gar zu zwingen, ihrem Rat zu folgen. Schullehrer und Geistliche sind die einzigen Berufe, die sich für berechtigt halten, einerseits ihre Nase in die Privatangelegenheiten ihrer Klienten zu stecken und andererseits gleichzeitig einer festgehaltenen Zuhörerschaft zu predigen.

Kinder werden durch die Verfassung nicht geschützt, wenn sie dem weltlichen Priester, also dem Lehrer, gegenüberstehen. Das Kind muß sich einem Mann stellen, der eine unsichtbare dreifache Krone, gleich der päpstlichen Tiara, trägt: Symbol dreifacher Autorität, die in einer Person vereinigt ist. Dem Kind begegnet der Lehrer mit dem Schwergewicht eines Hirten, Propheten und Priesters; er ist zugleich Lenker, Lehrer und Verwalter eines geheiligten Rituals. Er vereinigt in sich die Ansprüche mittelalterlicher Päpste in einer Gesellschaft, die auf der Garantie beruhte, daß diese Ansprüche niemals gleichzeitig von einer einzigen etablierten und verpflichtenden Institution wahrgenommen werden sollten, sei es nun Kirche oder Staat.

Versteht man Kinder als Ganzzeitschüler, so gestattet man es dem Lehrer, über sie eine Art von Macht auszuüben, die durch verfassungs- und gewohnheitsrechtliche Hemmnisse viel weniger eingeschränkt wird als die Macht, die Treuhänder in andern Bereichen der Gesellschaft ausüben. Ihr Lebensalter schließt Kinder von Sicherungen aus, die für Erwachsene in einem modernen Asyl selbstverständlich sind, ob es nun ein Irrenhaus, ein Kloster oder ein Gefängnis ist.

Unter dem autoritativen Auge des Lehrers fließen mehrere Wertsysteme zusammen. Die Unterschiede zwischen Sittlichkeit, Rechtmäßigkeit und persönlichem Geschmack werden verwischt und schließlich ausgelöscht. Jede Übertretung wird als vielfältiger Verstoß hingestellt. Der Übeltäter soll die Empfindung haben, daß er gegen eine Ordnung verstoßen, sich unmoralisch verhalten hat und sich selber untreu geworden ist. Einem Schüler, der es geschickt versteht, sich bei einer Prüfung Hilfe zu verschaffen, sagt man, er sei ein Gesetzesbrecher, ein unmoralischer Mensch und ein Taugenichts.

Der Schulbesuch entfernt das Kind aus der Alltagswelt der westlichen Zivilisation und stürzt es in eine Umwelt, die viel primitiver, magisch gebunden und von tödlichem Ernst ist. Eine solche Enklave, in der die Regeln der normalen Wirklichkeit aufgehoben sind, könnte die Schule gar nicht schaffen, würde sie nicht die jungen Menschen viele Jahre lang auf geheiligtem Boden buchstäblich einkerkern. Der pflichtmäßige Schulbesuch ermöglicht es, aus dem Klassenzimmer einen magischen Mutterleib zu machen, aus dem das Kind am Ende jedes Schultages und Schuljahres entbunden wird, bis man es endlich in die Welt der Erwachsenen hinaustreibt. Ohne Schulen könnte es weder die weltweit ausgedehnte Kindheit noch die erstickende Atmosphäre des Klassenzimmers geben. Wohl aber könnten Schulen als zwangsmäßige Wissensvermittler ohne diese beiden bestehen und noch repressiver und destruktiver sein als alles, was wir bisher kennen. Um zu begreifen, was es heißt, die Gesellschaft zu entschulen und nicht nur das Bildungsestablishment zu reformieren, müssen wir unsere Aufmerksamkeit jetzt dem verborgenen Curriculum der Schulbildung zuwenden. Uns geht es hier nicht unmittelbar um das verborgene Curriculum der Gettostraßen, das die Armen brandmarkt, oder um das verborgene Curriculum der Wohnstube, aus dem die Reichen Nutzen ziehen. Uns geht es vielmehr darum, auf die Tatsache hinzuweisen, daß das Zeremoniell oder Ritual des Schulunterrichts selber ein solches verborgenes Curriculum darstellt. Selbst die besten Lehrer können ihre Schüler nicht gänzlich davor schützen. Zu der Diskriminierung, welche eine Gesellschaft gegenüber einigen ihrer Glieder praktiziert, fügt dieses verborgene Curriculum unweigerlich noch Vorurteil und Schuldgefühl hinzu, während es die Privilegien anderer um einen neuen Anspruch vermehrt, die Mehrheit herablassend zu behandeln. Ebenso unvermeidlich ist, daß dieses verborgene Curriculum für Reiche wie für Arme als Ritual bei der Einführung in eine wachstumorientierte Verbrauchergesellschaft dient.

Die Ritualisierung des Fortschritts

Der Absolvent einer Universität ist geschult worden für ausgewählte Dienstleistungen unter den Reichen dieser Welt. So sehr er auch auf Solidarität mit der Dritten Welt pochen mag, hat doch jeder Absolvent eines amerikanischen College eine Ausbildung genossen, deren Kosten etwa fünfmal so hoch sind wie das durchschnittliche Lebenseinkommen der Hälfte aller Menschen. In diese exklusive Bruderschaft gelangt ein lateinamerikanischer Student, indem auf seine Ausbildung 350 mal soviel an öffentlichen Mitteln aufgewendet wird wie auf die Ausbildung seiner Mitbürger mit durchschnittlichem Einkommen. Von sehr seltenen Ausnahmen abgesehen, fühlt sich der Absolvent einer Universität aus einem armen Lande wohler unter seinen nordamerikanischen und europäischen Kollegen als unter seinen Landsleuten, die nicht so geschult worden sind. Alle Studenten werden akademisch darauf zugerichtet, sich nur in Gesellschaft derer wohlzufühlen, die ebenfalls Erzeugnisse der Bildungsmaschine sind.

Das Privileg, eine abweichende Meinung zu haben, verleiht die moderne Universität denen, die als potentielle Geldverdiener und Inhaber von Machtpositionen geprüft und eingestuft worden sind. Niemand erhält Steuermittel, um sich in Ruhe auszubilden, oder das Recht, andere zu erziehen, sofern er nicht gleichzeitig für Leistungen ausgezeichnet werden kann. Die Schulen wählen für jede weitere Stufe diejenigen aus, die sich in einem früheren Stadium des Spiels als sicheres Risiko für die etablierte Ordnung erwiesen haben. Da die Universität zugleich die Mittel zum Lernen und die Zuteilung gesellschaftlicher Rollen monopolisiert hat, zieht sie sowohl den Forscher als auch den möglicherweise Andersdenkenden an sich. Ein akademischer Grad hinterläßt immer sein unauslöschbares Preisschild auf dem Curriculum seines Konsumenten. Diplomierte Akademiker passen nur in eine Welt, die Preisschilder an ihre Köpfe heftet und ihnen dadurch die Macht verleiht, das Niveau der Erwartungen in ihrer Gesellschaft zu bestimmen. In allen Ländern bestimmen die Akademiker durch die Menge ihres Konsums den Lebensstandard aller andern; wollen diese im Beruf oder privat als zivilisierte Menschen gelten, so werden sie den Lebensstil der Akademiker anstreben.

So kommt es, daß die Universität im Beruf und zu Hause die Verbrauchermaßstäbe bestimmt, und zwar tut sie das überall in der Welt und unter jedem politischen System. Je weniger Akademiker es in einem Lande gibt, um so mehr gelten ihre kultivierten Ansprüche der übrigen Bevölkerung als Vorbild. Akademiker überschreiten das durchschnittliche Konsumniveau in Rußland, China und Algerien sogar noch drastischer als in den

Vereinigten Staaten. Autos, Flugreisen und Tonbandgeräte sind noch auffälligere Unterscheidungsmerkmale in einem sozialistischen Lande, wo nur ein akademischer Grad und nicht bloß Geld sie beschaffen kann.

Daß die Universität Verbraucherziele festlegen kann, ist etwas Neues. In vielen Ländern hat sie diese Macht erst in den sechziger Jahren erworben, als sich die irrige Vorstellung von freiem Zugang zu öffentlichen Bildungsstätten auszubreiten begann. Früher schützte die Universität die Redefreiheit eines Menschen, verwandelte aber nicht automatisch sein Wissen in Reichtum. Ein Gelehrter sein, hieß im Mittelalter arm oder gar Bettler sein. Der mittelalterliche Gelehrte lernte aufgrund seiner Berufung Latein und wurde dadurch zum Außenseiter und würdigen Ziel für den Spott so gut wie die Hochachtung von Bauer und Fürst, Bürger und Priester. Um in der Welt voranzukommen, mußte der Gelehrte erst einmal in sie eintreten, indem er Beamter wurde, vorzugsweise Kirchenbeamter. Die alte Universität war ein Freiraum für die Entdeckung und Erörterung von Ideen, neuen so gut wie alten. Lehrer und Schüler kamen zusammen, um die Texte anderer, längst verstorbener Lehrer zu lesen, und die lebendigen Worte der toten Meister rückten die Irrtümer der Gegenwart in ein neues Licht. Die Universität war damals eine Gemeinschaft akademischen Suchens und innerer Unruhe.

In der heutigen Multiversität ist diese Gemeinschaft an den Rand geflüchtet, wo sie fast im geheimen im Arbeitszimmer eines Professors oder der Wohnung des Kaplans zusammenkommt. Der strukturelle Zweck der heutigen Universität hat mit dem früheren Suchen kaum mehr etwas gemeinsam. Seit Gutenberg hat sich der Austausch disziplinierten und kritischen Fragens größtenteils vom «Lehrstuhl» in den gedruckten Text verlagert. Die moderne Universität hat ihre Chance verspielt, einfach den Rahmen für Begegnungen abzugeben, die von Selbstverantwortung und Anarchie zugleich bestimmt werden, die konzentriert und doch ungeplant und spontan sind. Statt dessen hat sie lieber die geschäftsmäßige Leitung des Verfahrens übernommen, durch das sogenannte Forschung und Lehre produziert werden.

Seit dem Sputnik hat die amerikanische Universität versucht, die Sowjetunion hinsichtlich der Zahl der Hochschulabsolventen einzuholen. Jetzt verzichten die Deutschen auf ihre akademische Tradition und bauen Campusse, um die Amerikaner einzuholen. In diesem Jahrzehnt wollen sie ihre Ausgaben für Schulen von 14 auf 59 Milliarden Mark steigern und mehr als das Dreifache für Hochschulen ausgeben. Die Franzosen beabsichtigen, die Schulaufwendungen bis 1980 auf 10 Prozent ihres Bruttosozialprodukts anzuheben, und die Ford-Stiftung zwingt arme Länder in Lateinamerika, ihren Pro-Kopf-Aufwand für «echte» Akademiker auf das nordamerikanische Niveau zu steigern. Der einzelne Student versteht sein

Studium als Investition mit höchstmöglicher finanzieller Rendite, und die Nationen sehen darin einen entscheidenden Faktor ihrer Entwicklung.

Für die Mehrheit, die in erster Linie ein Diplom erwerben will, hat die Universität kein Prestige eingebüßt; aber bei denen, die an sie geglaubt haben, hat sie seit 1968 an Ansehen verloren. Studenten lehnen es ab, sich auf Krieg, Umweltverschmutzung und die Verewigung von Vorurteilen vorzubereiten. Lehrer unterstützen sie, wenn sie die Legitimität der Regierung, die Außenpolitik, das Bildungswesen und den American Way of Life in Frage stellen. Nicht wenige lehnen Diplome ab und bereiten sich auf ein Leben in einer Gegenkultur außerhalb der diplomierten Gesellschaft vor. Anscheinend gehen sie den Weg der mittelalterlichen Fraticelli und der Alumbrados der Reformationszeit – der Hippies und Gammler ihrer Epoche. Andere finden sich mit dem Monopol der Schulen über die Mittel ab, die sie brauchen, um eine Gegengesellschaft aufzubauen. Sie suchen gegenseitig ihre Hilfe, um ein integres Leben zu führen, während sie sich dem akademischen Ritual unterwerfen. Sie bilden gleichsam Treibhäuser der Ketzerei inmitten der Hierarchie.

Weite Teile der Bevölkerung betrachten jedoch den modernen Mystiker und den modernen Ketzer voller Unruhe. Beide bedrohen die Verbrauchergesellschaft, das demokratische Privileg und das Selbstverständnis Amerikas, aber man kann sie nicht hinwegzaubern. Immer weniger kann man durch Geduld zur Umkehr bewegen oder auf listige Weise an sich ziehen, etwa indem man sie damit betraut, ihre Ketzerei selber zu lehren. Deshalb die Suche nach Mitteln, die es ermöglichen würden, entweder die Nonkonformisten loszuwerden oder die Bedeutung der Universität zu verringern, die ihnen als Basis ihres Protestes dient.

Die Studenten und Professoren, welche die Legitimität der Universität in Frage stellen und sich das viel kosten lassen, haben bestimmt nicht das Gefühl, daß sie Verbrauchermaßstäbe aufstellen oder ein Produktionssystem fördern. Soweit sie Gruppen wie das Komitee der Asienforscher oder den Nordamerikanischen Kongreß für Lateinamerika gegründet haben, gehören sie zu denen, die das Bild von der Wirklichkeit fremder Länder bei Millionen Menschen radikal verändert haben. Wieder andere haben sich um eine marxistische Ausdeutung der amerikanischen Gesellschaft bemüht oder gehören zu denen, die für das Aufblühen von Kommunen verantwortlich sind. Ihre Leistungen bestärken aufs neue die Ansicht, daß der Bestand der Universität für eine andauernde Kritik der Gesellschaft notwendig ist.

Fraglos bietet die Universität heute einzigartige Möglichkeiten, um ihren Angehörigen die Kritik der Gesellschaft in ihrer Gesamtheit zu ermöglichen. Sie gewährt Zeit, Beweglichkeit, Zugang zu Gleichgesinnten und zu Informationen sowie eine gewisse Straflosigkeit: lauter Privilegien, die andern Gruppen der Bevölkerung nicht in gleichem Maße verfügbar sind. Die Universität gewährt diese Freiheit aber nur denen, die bereits tief mit der Verbrauchergesellschaft vertraut und davon überzeugt sind, daß es irgendeine Art von öffentlicher Schulpflicht geben müsse.

Das Schulwesen übt heute die dreifache Funktion aus, die im Laufe der Geschichte mächtigen Religionsgemeinschaften zukam. Es ist zugleich Hort des gesellschaftlichen Mythos, die Institutionalisierung der Widersprüche dieses Mythos und der Ort des Rituals, das die Dissonanzen zwischen Mythos und Wirklichkeit reproduziert und verschleiert. Das Schulwesen und zumal die Universität gewähren heute reiche Möglichkeiten für Kritik am Mythos und für die Auflehnung gegen seine institutionellen Verdrehungen. Das Ritual aber, das gegenüber den grundlegenden Widersprüchen zwischen Mythos und Institution Toleranz verlangt, wird immer noch kaum in Frage gestellt; denn weder ideologische Kritik noch gesellschaftliche Aktion können eine neue Gesellschaft zustandebringen. Nur Ernüchterung und Lösung von dem zentralen gesellschaftlichen Ritual sowie die Reform dieses Rituals können radikalen Wandel schaffen.

Die amerikanische Universität ist zum entscheidenden Schauplatz für das umfassendste Einführungsritual geworden, das die Welt je gekannt hat. Keine Gesellschaft in der Geschichte hat ohne Ritual oder Mythos auskommen können, aber die unserige ist die erste, die eine so langweilige, langwierige, destruktive und aufwendige Einführung in ihren Mythos benötigt hat. Auch ist die heutige Weltkultur die erste, die es für nötig hält, ihr grundlegendes Einführungsritual im Namen der Bildung zu rationalisieren. Wir können nicht mit einer Bildungsreform beginnen, sofern wir nicht vorher begreifen, daß weder individuelles Lernen noch soziale Gleichberechtigung durch das Ritual der Schulbildung gefördert werden können. Wir werden nicht über die Verbrauchergesellschaft hinausgelangen, sofern wir nicht vorher begreifen, daß pflichtmäßige öffentliche Schulen unweigerlich eine solche Gesellschaft reproduzieren, was immer in ihnen gelehrt werden mag.

Das Vorhaben einer Entmythologisierung, wie ich sie hier vorschlage, läßt sich nicht auf die Universität beschränken. Jeder Versuch, die Universität zu reformieren, ohne sich um das System zu kümmern, dessen integrierender Bestandteil sie ist, gleicht dem Versuch, in New York City eine Stadtsanierung oberhalb des 12. Stockwerks vorzunehmen. Die heutigen Reformen auf College-Niveau machen meistens den Eindruck, als wolle man Wolkenkratzer-Slums errichten. Nur eine Generation, die ohne Schulpflicht aufwächst, wird imstande sein, die Universität neu zu erschaffen.

Die Schule führt auch in den Mythos vom endlosen Konsum ein. Dieser moderne Mythos beruht auf dem Glauben, daß jedes Verfahren unweigerlich Werte schaffe und daß deshalb Produktion notwendigerweise Nachfrage produziere. Die Schule lehrt uns, daß Unterweisung Lernen produziere. Das Vorhandensein von Schulen produziert die Nachfrage nach Schulunterricht. Haben wir erst einmal gelernt, daß wir Schulen brauchen, so neigt all unser Tun dazu, die Form von Kundschaftsverhältnissen zu andern spezialisierten Institutionen anzunehmen. Kommt der Autodidakt in Verruf, so werden alle nicht berufsmäßigen Tätigkeiten verdächtig. In der Schule lehrt man uns, daß wertvolles Lernen das Ergebnis von Schulbesuch sei; daß der Wert des Lernens mit dem Einsatz steige, und daß sich dieser Wert an Graden und Zeugnissen messen und nachweisen lasse.

Tatsächlich ist Lernen diejenige menschliche Tätigkeit, die am wenigsten der Manipulation durch andere bedarf. Das meiste Lernen ist nicht das Ergebnis von Unterweisung. Es ist vielmehr das Ergebnis unbehinderter Teilnahme in sinnvoller Umgebung. Die meisten Menschen lernen am besten, wenn sie «dabei sind». Trotzdem zwingt sie die Schule, ihr persönliches, kognitives Wachstum mit komplizierter Planung und Manipulation gleichzusetzen.

Hat jemand erst akzeptiert, daß Schule nötig ist, so fällt er leicht andern Institutionen anheim. Lassen junge Menschen es erst einmal zu, daß ihre Phantasie durch Unterweisung nach Curriculum geformt wird, so werden sie für institutionelle Planung jeglicher Art konditioniert. «Unterweisung» vernebelt den Horizont ihrer Phantasie. Sie können nicht verraten, sondern nur übers Ohr gehauen werden, weil man ihnen beigebracht hat, Hoffnung durch Erwartungen zu ersetzen. Sie können von andern Leuten nicht mehr, zum Guten oder Bösen, überrascht werden, weil man sie gelehrt hat, was sie von jedem andern zu erwarten haben, der ebenso unterwiesen worden ist wie sie. Das gilt für einen andern Menschen ebenso wie für eine Maschine.

Diese Übertragung der Verantwortung vom Ich auf die Institution führt unweigerlich zu sozialer Regression, zumal sobald sie als Verpflichtung akzeptiert worden ist. So «schaffen» es Rebellen gegen die Alma Mater oft bis in deren Lehrkörper, anstatt den Mut aufzubringen, andere mit ihrer persönlichen Lehrweise anzustecken und die Verantwortung für ihre Ergebnisse zu übernehmen. Das deutet die Möglichkeit einer neuen Ödipus-Sage an: Ödipus, der Lehrer, der seine Mutter «schafft», um mit ihr Kinder zu zeugen. Der Mann, der gewöhnt ist, belehrt zu werden, sucht seine Sicherheit zwangsläufig im Lehren. Die Frau, die ihr Wissen als Ergebnis eines Verfahrens erlebt, möchte es in andern reproduzieren.

Der Mythos der meßbaren Werte

Die institutionalisierten Werte, welche die Schule einimpft, sind quantitativer Art. Die Schule führt junge Menschen in eine Welt ein, in der alles meßbar ist, auch ihre Phantasie und sogar der Mensch selber.

Nun ist aber persönliches Wachstum nicht eine meßbare Größe. Es ist ein Heranwachsen zu diszipliniertem Nonkonformismus, das sich nicht an einem Zollstock oder Curriculum messen oder mit der Leistung eines andern vergleichen läßt. Solches Lernen kann nur mit andern in phantasievollem Bemühen wetteifern, kann eher ihren Schritten folgen als ihren Gang nachahmen. Das Lernen, auf das es mir ankommt, ist unmeßbare Nachschöpfung.

Die Schule erhebt den Anspruch, das Lernen in Fächer aufzugliedern, in den Schüler ein aus diesen vorfabrizierten Blöcken geschaffenes Curriculum einzubauen und das Ergebnis an einer internationalen Skala abzulesen. Menschen aber, die sich für die Bewertung ihres persönlichen Wachstums dem Maßstab anderer unterwerfen, legen bald diesen Zollstock auch an sich selber an. Sie brauchen nicht mehr an ihren Platz verwiesen zu werden, sondern stecken sich selber in die vorgesehenen Schlitze, quetschen sich in die Ecke, die aufzusuchen man sie gelehrt hat, und verweisen ebendabei auch ihre Kameraden an deren Plätze, bis alles und jedermann übereinstimmt.

Menschen, die auf das richtige Maß heruntergeschult worden sind, lassen sich ungemessene Erlebnisse entgleiten. Für sie wird, was sich nicht messen läßt, zweitrangig und bedrohlich. Sie brauchen ihrer schöpferischen Kraft nicht mehr beraubt zu werden. Durch Unterweisung haben sie verlernt, das Ihrige zu tun oder sie selber zu sein. Sie schätzen nur noch, was gemacht worden ist oder gemacht werden könnte.

Ist jedoch den Menschen erst einmal die Vorstellung eingeschult worden, daß man Werte produzieren und messen kann, so sind sie geneigt, alle möglichen Rangordnungen zu akzeptieren. Da gibt es eine Skala für die Entwicklung von Nationen, eine andere für die Intelligenz von Säuglingen, und selbst der Fortschritt zum Frieden läßt sich nach Stückzahlen errechnen. In einer verschulten Welt ist der Weg zum Glück mit einem Verbraucherindex gepflastert.

Der Mythos des Bündelns von Werten

Die Schule verkauft Curricula – Bündel von Waren, die nach dem gleichen Verfahren und mit der gleichen Struktur wie andere Handelswaren zustandegekommen sind. Für die meisten Schulen beginnt die Curriculumproduktion mit angeblich wissenschaftlicher Forschungsarbeit, aufgrund derer Bildungsingenieure den künftigen Bedarf und die Werkzeuge für das Fließband errechnen, und zwar innerhalb der vom Budget und von den Tabus gezogenen Grenzen. Der Verteiler (Lehrer) liefert das Endprodukt an den Verbraucher (Schüler), dessen Reaktion man sorgfältig beobachtet und aufzeichnet, um Forschungsdaten für das nächste Modell zu erhalten, das vielleicht «klassenlos» (ungraded), «von Schülern entworfen» (student-designed), «gruppenunterrichtlich» (team-taught), «audio-visuell» (visually-aided) oder «projektbezogen» (issue-centered) sein wird.

Das Ergebnis der Curriculum-Produktion sieht wie jede andere moderne Handelsware aus. Es ist ein Bündel von geplanten Absichten, ein Paket mit Werten, eine Ware, deren «ausgewogener Anreiz» sie an eine ausreichend große Zahl von Leuten absetzbar macht, um die Produktionskosten zu rechtfertigen. Die Verbraucher-Schüler lehrt man, ihre Wünsche den absetzbaren Werten anzupassen. Dadurch erreicht man, daß sie sich schuldig fühlen, wenn sie sich nicht entsprechend den Voraussagen der Verbraucherforschung verhalten, indem sie Grade und Zeugnisse erlangen, die sie in diejenige Berufsklasse einweisen, die zu erwarten man sie gelehrt hat.

Erzieher können kostspieligere Curricula aufgrund ihrer Beobachtung rechtfertigen, daß Lernschwierigkeiten im gleichen Verhältnis wie die Kosten des Curriculums zunehmen. Das entspricht Parkinsons Gesetz, demzufolge die Arbeit entsprechend den zu ihrer Bewältigung nötigen Mitteln zunimmt. Dieses Gesetz findet man auf allen Ebenen des Schulwesens bestätigt. So z. B. sind in französischen Schulen Leseschwierigkeiten zu einem größeren Problem erst geworden, seitdem sich dort der Pro-Kopf-Aufwand dem amerikanischen Niveau von 1950 genähert hat; damals aber wurden Leseschwierigkeiten zu einem größeren Problem in amerikanischen Schulen.

Tatsächlich verdoppeln normale Schüler häufig ihren Widerstand gegen die Lehrer, wenn sie sich immer umfassender manipuliert fühlen. Dieser Widerstand beruht nicht auf dem autoritären Stil einer staatlichen Schule oder auf dem verführerischen Stil einiger freier Schulen, sondern auf der Grundhaltung, die allen Schulen gemeinsam ist: der Vorstellung, daß eines Menschen Urteil entscheiden soll, was und wann ein anderer lernen muß.

Widersinnigerweise erhöhen ansteigende Pro-Kopf-Kosten der Unterweisung den Wert des Schülers in seinen eigenen Augen und auf dem Markt selbst dann, wenn die Erträge an Lernen rückläufig sind. Um beinahe jeden Preis treibt die Schule den Schüler hinaus auf die Ebene konkurrierenden Curriculum-Konsums und fortschreitend zu immer höheren Ebenen. Die Aufwendungen, die den Schüler zum Verbleiben in der Schule bestimmen sollen, schießen himmelhoch, während er die Pyramide erklimmt. Auf höheren Ebenen erscheinen sie im Gewand von neuen Fußballstadien, Andachtsräumen oder Programmen, die sich «Internationale Bildung» nennen. Auch wenn die Schule sonst nichts lehrte, sie lehrt jedenfalls den Wert der Eskalation: den Wert des American Way, die Dinge zu erledigen.

Der Vietnam-Krieg paßt gut in die augenblickliche Logik. Seinen Erfolg hat man bemessen an der Zahl von Personen, die mit Geschossen wirksam behandelt wurden – Geschossen, die billig waren, aber mit ungeheuren Kosten geliefert wurden; und diese brutale Berechnung hat man ganz schamlos «body count» (Leichen-Inventur) genannt. Geschäft ist eben Geschäft, die immerwährende Anhäufung von Geld; genau so ist Krieg eben Töten, das immerwährende Anhäufen von Leichen. Ebenso bedeutet Erziehung Schulunterricht, und dieser endlose Prozeß wird nach Schulstunden berechnet. Die verschiedenen Verfahren sind irreversibel und rechtfertigen sich selbst. Nach wirtschaftlichen Maßstäben wird das Land immer reicher. Nach den Maßstäben der Totenbuchhaltung hört die Nation niemals auf, ihren Krieg zu gewinnen. Und nach den Maßstäben der Schule wird die Bevölkerung immer gebildeter.

Schulprogramme dürsten nach andauerndem Zustrom von Unterweisung. Selbst wenn aber dieser Durst zu ständiger Aufnahme führt, bereitet diese doch niemals die Freude, etwas zur eigenen Zufriedenheit zu wissen. Jedes Thema kommt mit der Weisung versehen, man habe ein «Angebot» nach dem andern zu verbrauchen, und die Verpackung vom Vorjahr ist für den Verbraucher dieses Jahres bereits überholt. Das Lehrbuchgeschäft beruht auf dieser Nachfrage. Bildungsreformer versprechen jeder Schülergeneration das Neuste und Beste, und das Publikum wird dahin geschult, daß es verlangt, was angeboten wird. Sowohl der Versager (dropout), dem sein Versäumnis immer vorgehalten wird, als auch der Graduierte, dem man das Gefühl gibt, der neuen Generation unterlegen zu sein – beide kennen genau ihren Platz in dem Ritual wachsender Enttäuschungen und unterstützen weiterhin eine Gesellschaft, welche die breiter werdende Frustrationslücke euphemistisch eine «Revolution wachsender Erwartungen» nennt.

Wachstum aber, das man als endlosen Konsum und immerwährenden Fortschritt begreift, kann niemals zur Reife führen. Die Verpflichtung zu schrankenlosem quantitativem Zuwachs vereitelt die Möglichkeit einer organischen Entwicklung.

Rituelles Spiel und die neue Weltreligion

In entwickelten Nationen wächst die Dauer der Schulpflicht schneller als die Lebenserwartung. In einem Jahrzehnt werden sich die beiden Kurven schneiden und für Leute, die sich mit «Abschlußbildung» befassen (z. B. Jessica Mitford), ein Problem schaffen. Ich fühle mich an das späte Mittelalter erinnert, als die Nachfrage nach kirchlichen Dienstleistungen über die Spanne eines Lebens hinauswuchs und das Fegefeuer geschaffen wurde, um unter Aufsicht des Papstes die Seelen zu reinigen, ehe sie in den ewigen Frieden eingehen konnten. Das führte logischerweise zuerst zum Ablaßhandel und später zum Versuch einer Reformation. Heute tritt der Mythos vom immerwährenden Verbrauch an die Stelle des Glaubens an ein ewiges Leben.

Arnold Toynbee hat dargestellt, daß der Verfall einer großen Kultur gewöhnlich vom Aufstieg einer neuen Weltkirche begleitet wird, die dem Proletariat im Inland Hoffnungen macht, aber nur einer neuen Kriegerklasse dient. Die Schule scheint vorzüglich geeignet, die Weltkirche unserer verfallenden Kultur zu sein. Keine andere Institution könnte ihren Teilnehmern die tiefe Diskrepanz zwischen sozialen Grundsätzen und sozialer Wirklichkeit in der Welt von heute wirksamer verschleiern. Weltlich, wissenschaftlich und den Tod verleugnend, entspricht sie ganz der heutigen Stimmung. Ihr klassischer, kritischer Anstrich läßt sie pluralistisch, wenn schon nicht antireligiös erscheinen. Ihr Curriculum grenzt sowohl die Wissenschaft ein, wie es selber von sogenannter wissenschaftlicher Forschung abgegrenzt wird. Niemand wird mit der Schule fertig – noch nicht. Niemals verschließt sie vor irgend jemand ihre Tür, ohne ihm vorher noch eine weitere Chance zu geben: zur Hilfsschule, zur Erwachsenenbildung, zur Weiterbildung.

Dank ihrer Struktur als rituelles Spiel eines stufenweisen Aufrückens leistet die Schule wirksame Dienste als Schöpfer und Erhalter eines sozialen Mythos. Die Einführung in dieses rituelle Spiel ist viel wichtiger als die Frage, was oder wie etwas gelehrt wird. Das Spiel an sich schult, wirkt ansteckend und wird zur Gewohnheit. Eine ganze Gesellschaft wird in den Mythos des immerwährenden Verbrauchs von Dienstleistungen eingeweiht, und zwar in dem Umfang, in dem die Teilnahme an dem endlosen Ritual allenthalben Verpflichtung und Zwang zugleich wird. Die Schule führt rituelle Rivalität in ein internationales Spiel ein, das die Teilnehmer dazu verpflichtet, die Übel dieser Welt denen anzulasten, die nicht mitspielen können oder wollen. Die Schule ist ein Weiheritual, das den Novizen in das geheiligte Wettrennen um den fortschreitenden Verbrauch einführt; sie ist ein Sühneritual, dessen akademische Priester zwischen den Gläubigen und den Göttern von Privileg und Macht vermitteln; sie ist ein Bußritual, das die Versager (dropouts) opfert und sie als Sündenböcke der Unterentwicklung brandmarkt.

Selbst diejenigen, die bestenfalls zwei Jahre in der Schule zubringen – das ist in Lateinamerika, Asien und Afrika die ganz überwiegende Mehrheit –, entwickeln Schuldgefühle, weil sie zu wenig Schulbildung verbrauchen. Nur zwei von drei Kindern, die in das untere Drittel der wirtschaftlichen Verhältnisse hineingeboren werden, haben Aussicht, auch nur die erste Klasse zu schaffen. Gelingt es ihnen, so stehen ihre Aussichten, alle sechs Klassen zu durchlaufen, wie vier zu hundert. Bei einem Kind aus dem mittleren Drittel steigen die Aussichten auf zwölf zu hundert. Bei alledem ist Mexiko bei der Bereitstellung öffentlicher Bildung erfolgreicher als die große Mehrheit der andern 25 lateinamerikanischen Republiken.

Überall wissen die Kinder, daß sie in einer Zwangslotterie eine, wenn auch ungleiche, Gewinnchance erhalten haben, und jetzt häuft die angebliche Gleichheit internationaler Maßstäbe auf ihre ursprüngliche Armut noch die Benachteiligung, die der Versager (dropout) als selbstverschuldet hinnimmt. Sie sind in dem Glauben an wachsende Erwartungen geschult worden und können sich jetzt ihre zunehmende Frustrierung außerhalb der Schule damit erklären, daß sie es hinnehmen, aus der schulischen Gnade gefallen zu sein. Sie werden vom Himmel ausgeschlossen, weil sie einmal getauft worden, aber nicht in die Kirche gegangen sind. In Erbsünde geboren, wurden sie in die erste Klasse hineingetauft, gehen jetzt aber ihrer persönlichen Fehler wegen in die Gehenna (was auf hebräisch «Slum» bedeutet). Max Weber hat die gesellschaftlichen Folgen des Glaubens untersucht, daß das Heil denen gebühre, die Reichtümer gesammelt haben; wir können heute feststellen, daß die Gnade denen vorbehalten ist, die genügend Schuljahre angesammelt haben.

Das kommende Reich: die weltweite Ausbreitung der Erwartungen

Die Schule kombiniert die Erwartungen des Verbrauchers, die in ihren Ansprüchen Ausdruck finden, mit dem Glauben des Produzenten, der in ihrem Ritual zum Ausdruck kommt. Es ist die liturgische Form eines weltweiten «Fracht-Kultes» und erinnert an jenen Kult, der in den vierziger Jahren Melanesien überschwemmte. Er impfte seinen Anhängern den

Glauben ein, wenn sie nur ihren nackten Rumpf mit einem schwarzen Schlips schmückten, so würde Jesus in einem Dampfer kommen und jedem Gläubigen einen Kühlschrank, eine Hose und eine Nähmaschine mitbringen.

Die Schule verschmilzt das Aufwachen in demütigender Abhängigkeit von einem Lehrer mit dem Heranwachsen im sinnlosen Gefühl der Allmacht, das so typisch ist für den Schüler, der ausziehen und alle Völker lehren möchte, sich selbst zu retten. Das Ritual ist zugeschnitten auf die strengen Arbeitsgewohnheiten der Geschäftsleute, und sein Zweck besteht darin, den Mythos vom irdischen Paradies des niemals endenden Konsums zu zelebrieren, welches die einzige Hoffnung der Elenden und Enteigneten ist.

Epidemien von unersättlichen Diesseitserwartungen hat es in der Geschichte immer wieder gegeben, zumal unter kolonisierten und randständigen Gruppen in allen Kulturen. Die Juden im Römischen Reich hatten ihre Essener und jüdischen Messiasse, die Leibeigenen in der Reformationszeit ihren Thomas Münzer, die depossedierten Indianer von Paraguay bis nach Dakota ihre wilden Tänzer. Diese Sekten wurden immer von einem Propheten angeführt und begrenzten ihre Verheißungen auf wenige Auserwählte. Die von Schulen erzeugte Erwartung des Reiches ist andererseits eher unpersönlich als prophetisch und eher weltweit als ortsgebunden. Der Mensch ist zum Organisator seines eigenen Messias geworden und verheißt die schrankenlosen Belohnungen der Wissenschaft denen, die sich um seines Reiches willen fortschreitender Organisierung unterwerfen.

Die neue Entfremdung

Die Schule ist nicht nur die neue Weltreligion, sie ist auch der am schnellsten wachsende Arbeitsmarkt der Welt. Das Organisieren von Verbrauchern ist zum wichtigsten Wachstumssektor der Wirtschaft geworden. Während in reichen Nationen die Produktionskosten sinken, werden Kapital und Arbeitskräfte zunehmend auf das gewaltige Vorhaben konzentriert, den Menschen für einen disziplinierten Konsum zurechtzuschleifen. Im Laufe des letzten Jahrzehnts sind unmittelbar auf das Schulwesen bezogene Investitionen sogar noch schneller gestiegen als die Rüstungsausgaben. Eine Abrüstung würde nur noch den Prozeß beschleunigen, durch den die Lernindustrie in den Mittelpunkt der Volkswirtschaft rückt. Die Schule schafft unbegrenzte Möglichkeiten für legitime Verschwendung, solange ihre zerstörende Wirkung nicht erkannt wird und der Aufwand für Linderungsmittel ansteigt.

Zählen wir diejenigen, die ganzzeitig mit Lehren beschäftigt sind, zu denen hinzu, die ganzzeitig die Schule besuchen, so wird uns klar, daß diese sogenannte Superstruktur zum wichtigsten Arbeitgeber der Gesellschaft geworden ist. In Amerika befinden sich 62 Millionen Menschen in Schulen, während 80 Millionen anderweitig arbeiten. Das wird von neomarxistischen Analytikern oft vergessen, wenn sie sagen, der Prozeß der Entschulung müsse aufgeschoben oder ausgeklammert werden, bis andere Störfaktoren, die von jeher als grundlegender galten, durch eine wirtschaftliche und politische Revolution korrigiert sind. Nur wenn man die Schule als Industrie begreift, kann eine revolutionäre Strategie realistisch geplant werden. Für Marx spielten die Kosten einer Erzeugung von Nachfrage nach Waren kaum eine Rolle. Heute ist der größte Teil menschlicher Arbeitskraft damit beschäftigt, Nachfragen zu erzeugen, die durch eine kapitalintensive Industrie befriedigt werden können. Das meiste davon geschieht in der Schule.

Im herkömmlichen Rahmen war Entfremdung eine unmittelbare Folge des Umstandes, daß Arbeit zu Lohnarbeit wurde und damit den Menschen der Möglichkeit beraubte, zu schaffen und sich erschaffen zu lassen. Jetzt werden junge Menschen vorwegentfremdet von Schulen, die sie isolieren, gleichzeitig aber vorgeben, sie seien Erzeuger und Verbraucher ihres Wissens, das als Ware verstanden wird, die in der Schule auf den Markt gebracht wird. Die Schule macht aus der Entfremdung eine Vorbereitung aufs Leben und beraubt damit die Erziehung der Wirklichkeit und die Arbeit ihres schöpferischen Charakters. Indem die Schule die Notwendigkeit lehrt, belehrt zu werden, bereitet sie auf die entfremdende Institutionalisierung des Lebens vor. Haben die Menschen diese Lektion einmal gelernt, so verlieren sie jeden Anreiz, in Unabhängigkeit heranzuwachsen; sie finden Bezüglichkeit nicht länger reizvoll und verschließen sich den Überraschungen, die das Leben bietet, wenn es nicht durch institutionelle Definition vorausbestimmt wird. Außerdem beschäftigt die Schule unmittelbar oder mittelbar einen großen Teil der Bevölkerung. Entweder hält die Schule die Menschen ihr ganzes Leben lang fest oder sie sorgt dafür, daß sie in eine andere Institution hineinpassen.

Die neue Weltkirche ist die Wissensindustrie: während einer zunehmenden Zahl von Jahren im Leben des einzelnen ist sie zugleich Werkbank und Lieferant von Opium. Entschulung ist deshalb die Grundvoraussetzung jeder Bewegung für die Befreiung des Menschen.

Die Schule ist natürlich keineswegs die einzige moderne Institution, deren wichtigster Zweck es ist, die Vorstellung des Menschen von der Wirklichkeit zu gestalten. Das verborgene Curriculum des Familienlebens, der Militärzeit, der Gesundheitspflege, des sogenannten Berufswesens oder der Massenmedien spielt bei der institutionellen Manipulation der Welt eines Menschen eine wichtige Rolle: Vorstellung, Sprache und Ansprüche. Die Schule versklavt aber gründlicher und systematischer, weil man nur der Schule die Hauptfunktion zubilligt, das kritische Urteilsvermögen zu bilden, und weil sie dies paradoxerweise zu tun versucht, indem sie das Kennenlernen des eigenen Ich, der andern und des Lebens überhaupt abhängig macht von einem vorher festgelegten Verfahren. Die Schule berührt uns so tief innerlich, daß niemand von uns erwarten kann, er werde durch etwas anderes von ihr befreit werden.

Viele, die sich als Revolutionäre ausgeben, sind Opfer der Schule. Sogar die «Befreiung» sehen sie als Produkt eines institutionellen Verfahrens. Solche Illusionen kann man nur zerstreuen, wenn man sich von der Schule freimacht. Die Entdeckung, daß das meiste Lernen kein Lehren erfordert, läßt sich weder manipulieren noch planen. Jeder von uns ist persönlich für seine Entschulung verantwortlich, und nur wir selbst haben die Macht, es zu tun. Keiner hat eine Entschuldigung, wenn es ihm nicht gelingt, sich vom Schulunterricht zu befreien. Von der Krone konnten sich die Menschen erst befreien, nachdem wenigstens einige von ihnen sich von der etablierten Kirche befreit hatten. Vom fortschreitenden Verbrauch können sie sich nicht freimachen, bis sie sich von der Schulpflicht befreit haben werden.

Wir alle hängen mit der Schule zusammen, von der Produktion her so gut wie von seiten des Verbrauchs. Wir sind abergläubisch davon überzeugt, daß gutes Lernen in uns produziert werden könne und sollte – und daß wir es in andern produzieren können. Unser Versuch, uns der Vorstellung von Schule zu entziehen, wird offenbaren, auf wieviel Widerstand wir in uns stoßen, wenn wir versuchen, uns dem schrankenlosen Verbrauch und der penetranten Annahme zu entziehen, daß man andere zu ihrem Heil manipulieren könne. Im schulischen Prozeß ist keiner völlig frei von der Ausbeutung anderer.

Die Schule ist der größte und anonymste Arbeitgeber überhaupt. Ja, die Schule ist das beste Beispiel einer neuen Unternehmensart, welche die Nachfolge von Zunft, Fabrik und Aktiengesellschaft antritt. Die multinationalen Gesellschaften, die bisher das Wirtschaftsleben beherrscht haben, werden jetzt ergänzt und eines Tages vielleicht abgelöst durch übernational geplante Dienstleistungsbetriebe. Diese Unternehmen bieten ihre Dienste auf eine Weise an, die allen Menschen das Bedürfnis nahelegt, sie zu konsumieren. Sie sind international standardisiert und legen den Wert ihrer Dienstleistungen von Zeit zu Zeit und überall etwa im gleichen Rhythmus fest.

Das «Verkehrswesen», das sich auf neue Autos und Superfernstraßen gründet, dient dem gleichen institutionell verpackten Bedürfnis nach Komfort, Prestige, Schnelligkeit und technischer Spielerei, ob seine Bestandteile nun vom Staat produziert werden oder nicht. Die Apparatur der «ärztlichen Versorgung» zielt auf eine bestimmte Art von Gesundheit ab, mögen die Dienstleistungen nun vom Staat oder von einzelnen bezahlt werden. Gestuftes Aufrücken zwecks Erlangen von Diplomen befähigt den Studenten für einen Platz auf derselben internationalen Pyramide qualifizierter Arbeitskräfte, gleichgültig wer die Schule leitet.

In allen diesen Fällen ist Beschäftigung ein verborgener Vorteil: Der Fahrer eines Privatwagens, der Patient, der sich ins Krankenhaus begibt, oder der Schüler im Klassenzimmer müssen nunmehr als Glieder einer neuen Klasse von «Arbeitnehmern» gelten. Eine Befreiungsbewegung, die in der Schule anfängt und gleichwohl vom Bewußtsein der Lehrer und Schüler getragen wird, daß sie zugleich Ausbeuter und Ausgebeutete sind, könnte die revolutionäre Strategie der Zukunft ankündigen; denn ein radikales Entschulungsprogramm könnte die Jugend in einer Revolution neuen Stils einüben, deren es bedarf, um eine Gesellschaftsordnung herauszufordern, die pflichtmäßige «Gesundheit», «Reichtum» und «Sicherheit» kennt.

Die Risiken einer Revolte gegen die Schule sind nicht vorauszusehen, doch sind sie nicht so schrecklich wie die einer Revolution, die in einer andern großen Institution ihren Ausgang nimmt. Die Schule ist noch nicht so wirksam für den Selbstschutz organisiert wie etwa der Nationalstaat oder selbst ein großes Wirtschaftsunternehmen. Die Befreiung aus dem Zugriff der Schule könnte daher unblutig verlaufen. Die Waffen des Jugendpflegers und seiner Verbündeten in Gerichten und Arbeitsämtern könnten zwar den einzelnen Rebellen sehr hart treffen, zumal wenn es sich um Arme handelt; gegen den Schwall einer Massenbewegung würden sie sich aber vielleicht als machtlos erweisen.

Die Schule ist zu einem gesellschaftlichen Problem geworden. Sie wird von allen Seiten angegriffen, und überall in der Welt veranstalten Bürger und staatliche Stellen unkonventionelle Schulversuche. Sie flüchten sich in ungewöhnliche statistische Tricks, um Wort zu halten und ihr Gesicht zu wahren. Die Stimmung in manchen Erzieherkreisen ähnelt der Stimmung unter Bischöfen nach dem Vatikanischen Konzil. Die Curricula sogenannter «freier Schulen» ähneln den Liturgien für folkloristische und Rocker-Messen. Die Ansprüche der höheren Schüler, die bei der Auswahl ihrer Lehrer mitreden wollen, klingen ebenso schrill wie die Forderungen von Pfarrkindern, die ihre Hirten selber wählen wollen. Für die Gesellschaft steht freilich viel mehr auf dem Spiel, wenn eine bedeutsame Minderheit ihren Glauben an die Schulbildung verliert. Das würde den Fortbestand nicht nur der Wirtschaftsordnung gefährden, auf der die gleichzeitige Produktion von Waren und Nachfrage beruht, sondern ebenso der politischen Ordnung, die auf dem Nationalstaat beruht, an den die Schüler von der Schule abgeliefert werden.

Wir stehen vor einer klaren Wahl. Entweder glauben wir weiterhin, daß institutionalisiertes Lernen ein Produkt sei, welches schrankenlose Investitionen rechtfertigt; oder wir entdecken, daß Gesetzgebung, Planung und Investitionen, falls sie im Bildungswesen überhaupt etwas zu suchen haben, hauptsächlich dazu dienen sollten, die Schranken einzureißen, die heute dem Lernen im Wege stehen, das nur eine persönliche Tätigkeit sein kann.

Wenn wir der These, daß wertvolles Wissen eine Ware sei, die man unter gewissen Umständen gewaltsam in den Verbraucher hineinstopfen darf, nicht entgegentreten, so wird die Gesellschaft mehr und mehr von unheimlichen Pseudoschulen und totalitären Informationsmanagern beherrscht werden. Pädagogische Therapeuten werden ihre Schüler noch mehr betäuben, um sie besser lehren zu können, und Schüler werden sich selbst mehr betäuben, um sich von dem Druck der Lehrer und des Wettrennens um Zeugnisse zu entlasten. Die Sprache des Schulmannes hat der Werbefachmann bereits übernommen. Jetzt versuchen Generäle und Polizisten ihren Berufen mehr Würde zu verleihen, indem sie in der Maske des Erziehers auftreten. In einer verschulten Gesellschaft finden Kriegführung und zivile Repression eine erzieherische Erklärung. Man wird pädagogische Kriegführung im Stile von Vietnam immer häufiger rechtfertigen als die einzige Methode, um den Menschen den hohen Wert immerwährenden Fortschritts beizubringen.

Unterdrückung wird als missionarische Bemühung gelten, die das Kommen des mechanischen Messias beschleunigen soll. Immer mehr Länder werden zu der pädagogischen Folter greifen, die in Brasilien und Griechenland bereits heute angewendet wird. Diese pädagogische Folter dient nicht dazu, Informationen zu erlangen oder die seelischen Bedürfnisse von Sadisten zu befriedigen. Sie greift wahllos zum Terror, um die Integrität einer ganzen Bevölkerung zu zerbrechen und aus ihr formbares Material für die von Technokraten erfundenen Lehren zu machen. Das völlig destruktive und andauernd progressive Wesen pflichtmäßiger Unterweisung wird sein logisches Ziel erreichen, sofern wir nicht hier und heute damit anfangen, uns von unserer pädagogischen Hybris zu befreien – von unserm Glauben, wir könnten tun, was Gott nicht kann, nämlich andere zu ihrem Heil zu manipulieren.

Vielen Menschen wird erst jetzt die gnadenlose Zerstörung bewußt, welche die Richtung der heutigen Produktion für die Umwelt bedeutet, doch haben einzelne nur sehr begrenzte Möglichkeiten, diese Richtung zu ändern. Die in den Schulen eingeleitete Manipulierung von Männern und Frauen hat ebenfalls einen Punkt erreicht, an dem es keine Umkehr mehr gibt, und die meisten haben das noch gar nicht gemerkt. Sie treten immer noch für Schulreform ein, so wie Henry Ford III. die Produktion von weniger giftigen Automobilen vorschlägt.

Daniel Bell sagt, das Merkmal unseres Zeitalters sei ein extremes Mißverhältnis zwischen kulturellen und sozialen Strukturen; die einen gäben sich apokalyptischen Visionen hin, die andern technokratischen Entscheidungsprozessen. Das gilt jedenfalls für viele Bildungsreformer, die sich gedrängt fühlen, fast alles zu verdammen, was das Wesen moderner Schulen ausmacht – und gleichzeitig wieder neue Schulen vorschlagen.

In seinem Buch «The Structure of Scientific Revolution» meint Thomas Kuhn, daß solche Dissonanz unweigerlich dem Auftauchen eines neuen Erkenntnissystems vorausgehe. Die Tatsachen, die von denen berichtet wurden, die den freien Fall beobachtet hatten, die von der andern Seite der Erde zurückgekehrt waren oder das neue Fernrohr benutzt hatten, paßten nicht in das ptolemäische Weltbild. Ganz plötzlich wurde da das Newtonsche System akzeptiert. Die Dissonanz, die das Merkmal so vieler junger Menschen heute ist, hat weniger mit Erkenntnis als mit Einstellung zu tun: das Gefühl, wie eine erträgliche Gesellschaft *nicht* aussehen darf. Das Erstaunliche an dieser Dissonanz ist, daß eine sehr große Zahl von Menschen sie aushalten kann.

Die Fähigkeit, unvereinbare Ziele zu verfolgen, bedarf einer Erklärung. Max Gluckman sagt, alle Gesellschaften verfügten über Methoden, um solche Dissonanzen vor ihren Angehörigen zu verbergen. Er meint, das sei die Aufgabe des Rituals. Ein Ritual könne sogar Diskrepanzen und Konflikte zwischen gesellschaftlichen Grundsätzen und gesellschaftlicher Organisation vor den Teilnehmern verbergen. Solange der einzelne sich nicht eindeutig des rituellen Charakters des Verfahrens bewußt ist, durch das er mit den Kräften vertraut gemacht wurde, die seinen Kosmos gestalten, kann er den Bann nicht brechen, um einen neuen Kosmos zu gestalten. Solange wir uns nicht des Rituals bewußt sind, durch das die Schule den fortschrittlichen Verbraucher – die wichtigste Stütze der Wirtschaftsordnung – gestaltet, können wir den Bann dieser Wirtschaftsordnung nicht brechen, um eine neue zu gestalten.

Ein Spektrum der Institutionen

Die meisten utopischen Pläne und futuristischen Entwürfe erfordern neue und kostspielige technische Einrichtungen, die dann reichen wie armen Nationen verkauft werden müßten. Hermann Kahn hat in Venezuela, Argentinien und Kolumbien Schüler gefunden. Die Wunschträume des Sergio Bernardes für sein Brasilien des Jahres 2000 glitzern von mehr neuer Maschinerie, als heute die Vereinigten Staaten besitzen, die dann unter der Last veralteter Raketenbasen, Düsenflughäfen und der Großstädte der sechziger und siebziger Jahre gebeugt sein werden. Futurologen, die sich von Buckminster Fuller inspirieren lassen, würden mit billigeren und ausgefalleneren Einrichtungen zurechtkommen. Sie rechnen darauf, daß eine neue, aber durchaus mögliche Technik Anklang findet, die es uns anscheinend gestatten würde, mit weniger Aufwand mehr zu erreichen: Einschienenbahnen aus Leichtmetall anstatt Überschallverkehr und Leben in der Vertikalen anstatt Auseinanderfließen in der Horizontalen. Alle heutigen Zukunftsplaner versuchen das technisch Mögliche wirtschaftlich erreichbar zu machen, weigern sich aber, die unvermeidliche soziale Folge ins Auge zu fassen: daß alle Menschen verstärkt nach Waren und Dienstleistungen verlangen, die das Privileg von wenigen bleiben werden.

Ich glaube, daß eine erstrebenswerte Zukunft davon abhängt, daß wir im Leben ganz bewußt dem Tun vor dem Verbrauchen den Vorzug geben. Wir müssen einen Lebensstil schaffen, der es uns ermöglicht, spontan, unabhängig und doch aufeinander bezogen zu sein. Wir sollten nicht an einem Lebensstil festhalten, der uns lediglich gestattet, zu schaffen und zu vernichten, zu produzieren und zu verbrauchen – ein Lebensstil, der lediglich eine Etappe auf dem Weg zur Erschöpfung und Verschmutzung der Umwelt ist. Die Zukunft hängt mehr davon ab, daß wir uns Institutionen aussuchen, die ein Leben schöpferischen Tuns fördern, als daß wir neue Ideologien und technische Verfahren entwickeln. Wir brauchen Maßstäbe, die es uns gestatten, solche Institutionen zu erkennen, die eher persönliches Wachstum als Süchtigkeit fördern; wir brauchen den Willen, unsere technischen Möglichkeiten vornehmlich in solche wachstumsfördernden Institutionen zu investieren.

Wir haben die Wahl zwischen zwei radikal entgegengesetzten Arten von Institutionen. Für beide Arten gibt es Beispiele in vorhandenen Institutionen, wenngleich der eine Typ so charakteristisch für die Gegenwart ist, daß er sie beinahe bestimmt. Diesen vorherrschenden Typ möchte ich die manipulative Institution nennen. Der andere Typ existiert auch, wenngleich nur mühsam. Die Institutionen, die ihm entsprechen, sind bescheidener und fallen weniger auf; trotzdem wähle ich sie als Modelle einer erstrebenswerteren Zukunft. Ich nenne sie «gesellig» und möchte sie ans linke Ende eines Spektrums der Institutionen setzen, weil ich einerseits zeigen möchte, daß es Institutionen gibt, die zwischen den Extremen liegen, und weil ich andererseits darstellen möchte, wie historische Institutionen sich verfärben können, wenn sie, anstatt Betätigung zu erleichtern, dazu übergehen, Produktion zu organisieren.

Im allgemeinen hat man ein solches Spektrum, das von links nach rechts verläuft, dazu benutzt, um Menschen und ihre Ideologien, nicht aber gesellschaftliche Institutionen und deren Stil zu kennzeichnen. Diese Einordnung von Menschen als einzelne oder Gruppen erzeugt oft mehr Hitze als Licht. Man kann natürlich gewichtige Einwände dagegen vorbringen, daß ich eine gewöhnliche Konvention auf ungewöhnliche Weise verwende; ich tue es jedoch in der Hoffnung, die Erörterung von einer unfruchtbaren auf eine fruchtbare Ebene zu verlagern. Es wird sich zeigen, daß sich Männer der Linken nicht immer durch Widerstand gegen die manipulativen Institutionen auszeichnen, die ich auf der rechten Seite des Spektrums einordne.

Die einflußreichsten modernen Institutionen drängen sich auf der rechten Seite des Spektrums zusammen. Die Durchsetzung des Rechts ist dorthin übergesiedelt, seitdem sie aus den Händen des Sheriffs in die Hände der FBI und des Pentagons übergegangen ist. Der moderne Krieg ist ein hochgradig gewerbliches Unternehmen geworden, dessen Geschäft das Töten ist. Er hat einen Punkt erreicht, wo seine Durchschlagskraft nach der Leichenzahl bemessen wird. Sein friedenserhaltendes Potential hängt davon ab, daß er Freund und Feind davon zu überzeugen vermag, daß die Nation die unbegrenzte Macht besitzt, Tod auszuteilen. Moderne Geschosse und Chemikalien sind so leistungsfähig, daß schon der Gegenwert von wenigen Cents, wird er nur vorschriftsmäßig an den vorgesehenen «Kunden» geliefert, unweigerlich tötet oder verstümmelt. Die Lieferkosten wachsen jedoch schwindelerregend; so kostete ein toter Vietnamese 1967 360000 Dollar, 1969 jedoch 450000 Dollar. Daher kann nur eine Volkswirtschaft von einem Ausmaß, das an Völkerselbstmord grenzt, die moderne Kriegführung wirtschaftlich vertretbar gestalten. Die Bumerangwirkung des Krieges wird immer deutlicher: je mehr tote Vietnamesen gezählt werden, um so mehr Feinde erwerben sich die Vereinigten Staaten überall in der Welt, und um so mehr Geld müssen sie ausgeben, um in dem vergeblichen Bemühen, die Nebenwirkungen des Krieges zu neutralisieren, eine weitere manipulative Institution zu schaffen – der man zynisch das Etikett «Befriedung» aufklebt.

An diesem äußersten Ende des Spektrums finden wir ferner soziale Einrichtungen, die sich auf die Manipulierung ihrer Klienten spezialisieren.

Genau wie das Militär neigen sie dazu, in dem Maße, in dem ihr Betätigungsfeld sich ausweitet, Wirkungen zu erzielen, die ihren Absichten entgegengesetzt sind. Diese sozialen Einrichtungen sind ebenfalls antiproduktiv, wenn auch weniger offenkundig. Viele legen sich ein therapeutisches, barmherziges Image zu, um diese widersinnige Wirkung zu verschleiern. So dienten z. B. Gefängnisse bis vor zweihundert Jahren dazu, Menschen festzuhalten, bis sie verurteilt, verstümmelt, getötet oder verbannt wurden; manchmal dienten sie auch ganz bewußt als eine Art von Folterung. Erst neuerdings erheben wir den Anspruch, daß das Einsperren von Menschen in Käfigen ihren Charakter und ihr Verhalten günstig beeinflusse. Jetzt begreifen allmählich eine ganze Menge Menschen, daß das Gefängnis Qualität und Quantität der Kriminellen fördert, ja daß es häufig bloße Nonkonformisten erst zu Kriminellen macht. Weit weniger Menschen scheinen jedoch zu begreifen, daß Irrenanstalten, Altersheime und Waisenhäuser vielfach die gleiche Wirkung haben. Diese Institutionen vermitteln ihren Insassen das destruktive Selbstverständnis des Psychopathen, des Zualtgewordenen oder des Findlings und verschaffen ganzen Berufsgruppen eine Existenzberechtigung, wie auch das Gefängnis den Gefangenenwärtern zu Einkommen verhilft. In die Institutionen, die man an diesem äußersten Ende des Spektrums findet, gelangt man auf zweierlei Weise, aber jeweils durch Zwang: durch behördliche Einweisung oder durch Auslese.

Am entgegengesetzten Ende des Spektrums liegen Institutionen, die sich durch ihre spontane Benutzung auszeichnen: die «geselligen» Institutionen. Telefonnetze, Untergrundbahnlinien, Postverbindungen, öffentliche Märkte und Warenbörsen bedürfen keiner harten oder weichen Verkaufsmethoden, um ihre Kunden zu ihrer Benutzung anzuregen. Kläranlagen, Trinkwasserversorgung, Parks und Bürgersteige sind Einrichtungen, welche die Menschen benutzen, ohne institutionell davon überzeugt werden zu müssen, daß ihnen das zum Vorteil gereicht. Natürlich bedürfen alle Institutionen irgendeiner Regulierung. Die Bedienung von Institutionen aber, die eher dazu da sind, benutzt zu werden als etwas zu produzieren, erfordern völlig andere Vorschriften als Behandlungsinstitutionen die manipulativ sind. Vorschriften, welche Benutzungsinstitutionen regeln, sollen vornehmlich Mißbräuche verhindern, die der Allgemeinheit den Zugang verwehren könnten. Bürgersteige müssen von Hindernissen freigehalten werden, die Benutzung von Trinkwasser für industrielle Zwecke muß eingeschränkt werden, und Ballspiele können nur in bestimmten Teilen eines Parks stattfinden. Heute brauchen wir Gesetze, um den Mißbrauch unserer Telefonleitungen durch Computer, den Mißbrauch der Post durch Werbefirmen und die Verschmutzung unserer Kläranlagen durch Industrieabfälle zu verhindern. Die Regulierung von geselligen Institutionen zieht deren Benutzung Grenzen. Bewegt man sich von der geselligen auf die manipulative Seite des Spektrums, so verlangen die Vorschriften in zunehmendem Maße Konsum oder Teilhabe, die ungewollt sind. Der Kostenunterschied beim Anwerben von Kunden ist nur eines der Merkmale, durch die sich gesellige und manipulative Institutionen unterscheiden.

Auf beiden Flügeln des Spektrums finden wir Dienstleistungsinstitutionen vor, doch ist die Dienstleistung auf dem rechten Flügel aufgezwungene Manipulation, wobei der Kunde das Opfer von Werbung, Aggression, Indoktrination, Freiheitsberaubung oder Elektroschock wird. Auf dem linken Flügel bedeutet die Dienstleistung vermehrte Möglichkeit innerhalb festgelegter Grenzen, wobei der Kunde seine Handlungsfreiheit behält. Institutionen des rechten Flügels sind häufig höchst komplexe und kostspielige Produktionsprozesse, bei denen sich Verfeinerung und Kosten weitgehend darauf richten, die Verbraucher davon zu überzeugen, daß sie ohne die von der Institution angebotenen Produkte oder Dienstleistungen nicht leben können. Institutionen des linken Flügels sind meistens Anlagen, welche die vom Kunden ausgehende Kommunikation oder Kooperation erleichtern.

Die manipulativen Institutionen des rechten Flügels machen entweder sozial oder psychologisch süchtig. Soziale Süchtigkeit oder Eskalation besteht in der Neigung, verstärkte Behandlung zu verschreiben, wenn kleinere Mengen nicht die gewünschten Resultate liefern. Psychologische Süchtigkeit oder Gewöhnung entsteht, wenn Verbraucher dem Bedürfnis nach immer mehr und mehr von einem Verfahren oder Erzeugnis verfallen. Die selbstbetätigten Institutionen der Linken pflegen auch selbstbeschränkend zu wirken. Im Gegensatz zu Produktionsprozessen, die Befriedigung mit dem bloßen Akt des Verbrauchens gleichsetzen, dienen diese Anlagen einem Zweck, der über ihre bloße Benutzung hinausgeht. Ein Mensch greift zum Telefon, wenn er einem andern etwas sagen möchte, und legt es wieder auf, wenn die gewünschte Verbindung beendet ist. Mit Ausnahme von Teenagern benutzt er das Telefon nicht des schieren Vergnügens wegen, hineinzusprechen. Ist das Telefon nicht das beste Mittel, um Kontakt aufzunehmen, schreiben die Menschen einen Brief oder unternehmen eine Reise. Wie wir an den Schulen deutlich sehen können, laden Institutionen der Rechten zum wiederholten Gebrauch ein und vereiteln andere Wege, die zu ähnlichen Ergebnissen führen.

Etwas, aber nicht ganz auf der Linken des Spektrums der Institutionen können wir Unternehmen ansiedeln, die zwar auf ihrem Gebiet mit andern konkurrieren, aber sich noch nicht nennenswert der Werbung bedienen. Hier finden wir Waschsalons, kleine Bäckereien, Friseurläden und – um von freien Berufen zu reden – einige Rechtsanwälte und Musiklehrer.

Typischerweise links von der Mitte stehen also Selbständige, die ihre Dienstleistung, nicht aber ihre Publizität institutionalisiert haben. Sie gewinnen Kundschaft durch persönliche Kontakte und die Qualität ihrer Dienstleistungen.

Hotels und Restaurants liegen etwas näher zur Mitte. Die großen Hotelkonzerne wie Hilton, die riesige Summen für Werbung ausgeben, verhalten sich oft so, als ob sie gutgehende Institutionen der Rechten wären. Dabei bieten Häuser von Hilton oder Sheraton gewöhnlich nicht mehr – häufig sogar weniger – als selbständig geleitete Hotels der gleichen Preisklasse. Im Grunde spricht ein Hotelschild den Reisenden auf ähnliche Weise an wie ein Wegweiser. Es sagt: «Halt, hier ist ein Bett für dich!» – nicht jedoch «Du solltest lieber ein Hotelbett als eine Parkbank wählen!»

Die Produzenten von Nahrungsmitteln und den meisten leichtverderblichen Konsumgütern gehören in die Mitte des Spektrums. Sie befriedigen allgemeine Bedürfnisse und schlagen auf die Produktions- und Vertriebskosten soviel an Kosten für Werbung und besondere Verpackung auf, wie der Markt eben trägt. Je grundlegender ein Erzeugnis ist – ob Waren oder Dienstleistungen – um so mehr trägt der Wettbewerb dazu bei, den Verkaufspreis in Schranken zu halten.

Die meisten Hersteller von Konsumgütern sind viel weiter nach rechts gerückt. Unmittelbar und mittelbar produzieren sie Nachfrage nach Zubehör, das den eigentlichen Kaufpreis weit über die Herstellungskosten hinaustreibt. General Motors und Ford produzieren Verkehrsmittel, zugleich aber manipulieren sie, was wichtiger ist, den Publikumsgeschmack dergestalt, daß das Transportbedürfnis eher in der Nachfrage nach Privatwagen als nach Autobussen für die Allgemeinheit Ausdruck findet. Sie verkaufen den Wunsch, eine Maschine zu beherrschen, bei hoher Geschwindigkeit in luxuriösem Komfort dahinzurasen, und dazu den Traum vom Reiseziel. Bei dem, was sie verkaufen, handelt es sich jedoch nicht nur um unnötig große Motoren, überflüssigen Klimbim oder die neuen Zubehörteile, die den Herstellern vom Verbraucherverband und den Vorkämpfern für reine Luft aufgezwungen werden. Im Listenpreis enthalten sind auch frisierte Motoren, Klima-Anlage, Sicherheitsgurte und Auspuffkontrolle. Es stekken aber auch noch andere Dinge darin, die dem Fahrer nicht eingestanden werden: die Kosten der Gesellschaft für Werbung und Verkauf, Treibstoff, Wagenpflege und Ersatzteile, Versicherung, Kreditzinsen und dazu weniger greifbare Kosten wie der Verlust an Zeit, guter Laune und atembarer Luft in unsern vom Verkehr verstopften Städten.

Einen besonders bemerkenswerten Beitrag zu unserer Erörterung gesellschaftlich nützlicher Institutionen liefert das «öffentliche» Straßenwesen. Dieser Hauptfaktor der Gesamtkosten von Automobilen verdient ausführlicher behandelt zu werden, weil er uns unmittelbar zu der am weitesten rechts stehenden Institution führt, für die ich mich vor allem interessiere: die Schule.

Unechte Versorgungsbetriebe

Das Fernstraßensystem ist eine Anlage für Fortbewegung über relativ weite Entfernungen. Als «Anlage» gehört es scheinbar auf die linke Seite des institutionellen Spektrums. Hier müssen wir aber einen Unterschied machen, der sowohl das Wesen der Fernstraßen als auch das Wesen echter Versorgungsbetriebe klarstellen wird. Straßen, die wirklich allen Zwecken dienen, sind echte öffentliche Versorgungsbetriebe. Superfernstraßen sind private Reservate, deren Kosten man ungerechterweise der Öffentlichkeit aufgehängt hat.

Telefon, Post und Straßennetz sind alles Anlagen, und keine von ihnen ist kostenlos. Der Zugang zum Telefonnetz wird begrenzt durch Gebühren für jedes Gespräch. Diese Gebühren sind relativ niedrig und könnten verbilligt werden, ohne daß man dadurch das Wesen der Anlage verändert. Die Benutzung des Telefonnetzes wird überhaupt nicht durch das eingeschränkt, was man übermittelt, obwohl es am sinnvollsten von dem benutzt wird, der zusammenhängende Sätze in der Sprache des andern Teilnehmers sprechen kann; das ist eine Fähigkeit, die diejenigen gewöhnlich besitzen, die das Netz benutzen wollen. Porto ist meistens billig. Die Benutzung der Post wird geringfügig durch die Kosten von Papier und Tinte eingeschränkt, etwas mehr schon dadurch, daß man schreiben können muß. Wenn aber jemand nicht schreiben kann und einen Verwandten oder Freund hat, dem er einen Brief diktieren kann, so steht ihm die Post genau so zu Diensten, wie wenn er ein Tonband verschicken will.

Das Fernstraßennetz steht nicht auf gleiche Weise dem zur Verfügung, der lediglich fahren lernt. Telefon und Post sind dazu da, um denen zu dienen, die sie benutzen; das Fernstraßennetz dient lediglich als Zubehör zum Privatwagen. Jene sind echte öffentliche Versorgungsbetriebe, während dieses eine öffentliche Dienstleistung für die Benutzung durch Besitzer von Autos, Lastwagen und Autobussen ist. Öffentliche Versorgungsbetriebe sind dazu da, Menschen miteinander zu verbinden; Fernstraßen gibt es ebenso wie andere Institutionen der Rechten um eines Produktes willen. Wie wir schon sahen, *produzieren* Automobilhersteller gleichzeitig Autos und Nachfrage nach Autos. Sie *produzieren* ferner die Nachfrage nach mehrbahnigen Straßen, nach Brücken und Ölquellen. Das private Auto steht im Mittelpunkt einer ganzen Gruppe von Institutionen des rechten Flügels. Die hohen Kosten jedes einzelnen Bestandteils werden diktiert von der Verfeinerung des Grundproduktes; wer dieses verkauft, halst der Gesellschaft damit das ganze Paket auf.

Ein Fernstraßennetz als echten Versorgungsbetrieb zu planen, würde diejenigen benachteiligen, denen es beim Verkehr vor allem auf Geschwindigkeit und persönlichen Komfort ankommt, und würde diejenigen begünstigen, die zügig ans Ziel kommen möchten. Es ist der Unterschied zwischen einem ausgedehnten Netz, das einer Höchstzahl von Reisenden zugänglich ist, und einem andern, das nur Bevorzugten den Zugang zu bestimmten Gebieten ermöglicht.

Ein Prüfstein für die Qualität moderner Institutionen ist ihre Übertragung auf Entwicklungsländer. In sehr armen Ländern reichen die Straßen gewöhnlich gerade aus, um auf ihnen den Verkehr mit besonderen hochachsigen Fahrzeugen zu ermöglichen, die mit Lebensmitteln, Vieh oder Menschen beladen werden. Ein solches Land sollte seine begrenzten Mittel dazu benutzen, ein Spinnennetz von Fahrwegen anzulegen, die alle Regionen erfassen. Es sollte ferner die Einfuhr auf zwei oder drei Modelle mit langer Lebensdauer beschränken, die bei geringer Geschwindigkeit mit allen Wegen fertigwerden. Das würde die Pflege und die Lagerhaltung von Ersatzteilen erleichtern, würde die Benutzung dieser Fahrzeuge bei Tag und Nacht ermöglichen und würde allen Bürgern ein Höchstmaß an flüssigem Verkehr und Auswahl der Zielorte gewähren. Dazu bedarf es der Konstruktion von Allzweckfahrzeugen, die so einfach sind wie seinerzeit das erste Ford-Modell. Sie müßten die modernsten Metallegierungen verwenden, um lange Lebensdauer zu gewähren, sollten eine Höchstgeschwindigkeit von nicht mehr als 25 Stundenkilometern erreichen und stark genug sein, um auch schwierigste Gelände bewältigen zu können. Solche Fahrzeuge sind nicht auf dem Markt, weil keine Nachfrage nach ihnen besteht. Eine derartige Nachfrage müßte man wecken, vielleicht sogar unter dem Schutz einer strengen Gesetzgebung. Wann immer sich gegenwärtig solche Nachfrage regt, wird sie sofort durch eine Gegenkampagne erstickt, die darauf abzielt, in aller Welt dieselben Fahrzeuge zu verkaufen, mit denen man heute den amerikanischen Steuerzahlern das Geld aus der Tasche zieht, das für den Bau von Superfernstraßen benötigt wird.

Um das Verkehrsnetz zu «verbessern», planen heute alle Länder, selbst die ärmsten, den Bau von Fernstraßen für Personenwagen und schnelle Lastwagen, wie sie der geschwindigkeitsbewußten Minderheit von Produzenten und Konsumenten der Führungsschicht gemäß sind. Diese Einstellung wird häufig damit begründet, daß dadurch der kostbarste Rohstoff eines armen Landes geschont werde: die Zeit des Arztes, des Schulinspektors und des Verwaltungsbeamten. Selbstverständlich dienen diese Männer wiederum fast ausschließlich denselben Leuten, die einen Wagen besitzen oder eines Tages zu besitzen hoffen. Örtliche Steuern und die knappen internationalen Devisen werden für *unechte öffentliche Versorgungsbetriebe* vergeudet.

Soweit die «moderne» Technik in arme Länder verlagert wird, besteht sie aus drei großen Gruppen: Konsumgütern, Fabriken, die diese herstellen, und Dienstleistungseinrichtungen – vornehmlich Schulen –, die aus Menschen moderne Produzenten und Konsumenten machen. Die meisten Länder geben den weitaus größten Teil ihrer Budgets für Schulen aus. Die schulfabrizierten Akademiker schaffen dann Nachfrage nach andern ins Auge fallenden Versorgungseinrichtungen wie Industriekraftwerke, gepflasterte Straßen, moderne Krankenhäuser und Flugplätze. Diese wiederum schaffen einen Markt für Waren, die für reiche Länder hergestellt werden, und nach einiger Zeit die Neigung, rasch veraltende Fabriken zu importieren, die solche Waren herstellen.

Von allen «unechten Versorgungsbetrieben» ist die Schule die heimtükkischste. Fernstraßen produzieren lediglich Nachfrage nach Autos. Schulen schaffen Nachfrage nach dem gesamten Komplex moderner Institutionen, die den äußersten rechten Flügel des Spektrums besetzt halten. Wer die Notwendigkeit von Fernstraßen in Frage stellte, würde als Romantiker abgetan werden. Wer die Notwendigkeit von Schulen in Frage stellt, wird sofort als unbarmherzig oder imperialistisch attackiert.

Schulen als unechte Versorgungseinrichtungen

Auf den ersten Blick erwecken Schulen ebenso wie Fernstraßen den Eindruck, daß sie für jedermann offenstehen. Tatsächlich stehen sie aber nur denen offen, die immer wieder ihren Befähigungsnachweis erbringen. Wie Fernstraßen den Eindruck erwecken, daß die Kosten, die sie heute jährlich verursachen, nötig seien, wenn Menschen sich bewegen sollen, so gelten Schulen als unerläßlich, um die Fähigkeiten zu erwerben, die eine moderne technisierte Gesellschaft benötigt. Wir haben nachgewiesen, daß Schnellstraßen unechte öffentliche Versorgungseinrichtungen sind, weil sie auf private Kraftwagen angewiesen sind. Schulen gründen sich auf die ebenso falsche Hypothese, daß Lernen das Ergebnis von lehrplanmäßigem Unterricht sei.

Fernstraßen rühren daher, daß der Wunsch und das Bedürfnis nach Beweglichkeit zur Nachfrage nach einem Privatwagen pervertiert wird. Die Schulen pervertieren selber die natürliche Neigung, zu wachsen und zu lernen, zur Nachfrage nach Unterricht. Nachfrage nach fabrizierter Reife ist eine viel krassere Verleugnung tätiger Eigeninitiative als Nachfrage nach fabrizierten Waren. Schulen liegen nicht nur rechts von Fernstraßen und Automobilen; sie gehören in die Nähe des äußersten Endes

des institutionellen Spektrums, das von Anstalten besetzt ist, die mit völliger Freiheitsberaubung verbunden sind. Selbst die Produzenten von «Body counts» («Leichen-Inventuren») töten nur den Leib. Indem die Schule die Menschen dahin bringt, auf die Verantwortung für ihr eigenes Wachstum zu verzichten, treibt sie viele zu einer Art von geistig-seelischem Selbstmord.

Die Fernstraßen werden teilweise von denen bezahlt, die sie benutzen; denn Straßengebühren und Mineralölsteuern werden nur von Autofahrern erhoben. Die Schule hingegen ist das Musterbeispiel für rückwirkende Besteuerung: die bevorrechtigten Akademiker reiten auf dem Bukkel der gesamten zahlenden Bevölkerung. Die Schule erhebt eine Kopfsteuer für Aufsteigen. Der Unterverbrauch an Straßenkilometern ist nicht annähernd so kostspielig wie der Unterverbrauch von Schulbildung. Wer in Los Angeles kein Auto besitzt, ist vielleicht unbeweglich; schafft er es jedoch irgendwie, eine Arbeitsstelle zu erreichen, so kann er eine Anstellung bekommen und behalten. Wer in der Schule versagt, hat keine Alternative. Der Vorstadtbewohner mit seinem neuen Lincoln und sein armer Vetter vom Lande, der eine verbeulte Karre fährt, ziehen im wesentlichen den gleichen Nutzen aus der Fernstraße, obwohl der Wagen des einen dreißigmal soviel kostet wie der des andern. Der Wert der Schulbildung eines Menschen ist eine Funktion der Zahl abgeschlossener Schuljahre und der Aufwendigkeit der Schule, die er besucht hat. Das Gesetz zwingt niemanden, Auto zu fahren, doch zwingt es jedermann, in die Schule zu gehen.

Die Analyse der Institutionen nach ihrem derzeitigen Standort auf einer von links nach rechts verlaufenden Skala ermöglicht es mir, meine Überzeugung zu erläutern, daß eine grundlegende Veränderung der Gesellschaft mit einer Veränderung des Wissens von den Institutionen beginnen muß. Ferner kann ich jetzt auch darlegen, warum das Ausmaß einer lebenswerten Zukunft von einer Verjüngung des Stils unserer Institutionen abhängt.

In den sechziger Jahren haben Institutionen, die seit der Französischen Revolution zu ganz verschiedenen Zeitpunkten geboren wurden, gleichzeitig ihr Greisenalter erreicht. Staatliche Schulsysteme, die zur Zeit Jeffersons oder Atatürks gegründet wurden, und andere, die erst nach dem Zweiten Weltkrieg entstanden sind, wurden gleichzeitig bürokratisch, selbstgerecht und manipulativ. Dasselbe widerfuhr Einrichtungen der sozialen Sicherheit, Gewerkschaften, großen Kirchen und diplomatischen Institutionen, der Altersfürsorge und dem Bestattungswesen.

So haben z. B. heute die Schulsysteme in Kolumbien, Großbritannien, der Sowjetunion und den USA mehr Ähnlichkeit miteinander, als amerikanische Schulen in den neunziger Jahren mit den heutigen oder mit zeitgenössischen russischen Schulen. Heute sind alle Schulen pflichtmäßig, unbegrenzt und auf Wettbewerb gerichtet. Die gleiche Annäherung des institutionellen Stils trifft man bei der Gesundheitspflege, dem Warenabsatz, der Personalverwaltung und im politischen Leben. Alle diese institutionellen Prozesse neigen dazu, sich am manipulativen Ende des Spektrums zu treffen.

Diese Annäherung der Institutionen führt zu einer Verschmelzung der Bürokratien in aller Welt. In den Planungsbüros in Costa Rica oder Afghanistan werden Stil, Rangordnung und Büromaterial – vom Lehrbuch bis zum Computer – nach westeuropäischen Vorbildern vereinheitlicht. Diese Bürokratien scheinen sich überall auf dieselbe Aufgabe zu konzentrieren: das Wachstum von Institutionen auf dem rechten Flügel zu fördern. Es geht ihnen darum, Dinge zu machen, rituelle Vorschriften zu machen und «Verwaltungswahrheit» zu machen oder umzugestalten; das sind Ideologien oder Gebote, die festlegen, welchen Wert man jeweils ihren Produkten beimessen soll. Die Technik liefert diesen Bürokratien wachsende Macht auf der rechten Seite der Gesellschaft. Die linke Seite scheint zu verkümmern, nicht weil die Technik weniger imstande wäre, die Reichweite menschlichen Handelns zu vergrößern und dem einzelnen Zeit für das Spiel seiner Phantasie und schöpferischen Kraft zu verleihen, sondern weil solche Verwendung der Technik nicht die Macht der Elite stärken würde, welche die Technik verwaltet. Der Postdirektor kann nicht den Inhalt der Briefe kontrollieren, und die Telefonistin oder der Chef des Fernmeldedienstes hat nicht die Macht zu verhindern, daß über seine Leitungen Ehebruch, Mordanschläge oder staatsfeindliche Machenschaften geplant werden.

Bei der Wahl zwischen den Institutionen am linken und rechten Ende des Spektrums steht nicht weniger als die Natur des Menschen auf dem Spiel. Der Mensch muß sich entscheiden, ob er reich an Dingen oder reich an Freiheit sein will, die Dinge zu benutzen. Er muß entscheiden zwischen verschiedenen Stilarten des Lebens und diesbezüglichen Produktionsplänen.

Schon Aristoteles hatte entdeckt, daß «Machen und Tun» etwas Verschiedenes sind, sogar so verschieden, daß das eine niemals das andere einschließt; «denn weder ist Tun eine Art des Machens noch Machen eine Art echten Tuns. Baukunst (techne) ist eine Art des Machens ... etwas ins Dasein rufen, dessen Ursprung im Machenden und nicht in der Sache liegt. ... Machen hat immer einen Zweck außerhalb seiner selbst, Tun aber nicht; denn rechtes Tun ist selbst ein Endziel ... Vollkommenheit im Machen ist eine Kunst, Vollkommenheit im Handeln ist eine Tugend.» (Nikomachische Ethik, 1140) Das Wort, das Aristoteles für Machen benutzte, war «*poiesis*», während er für Tun das Wort «*praxis*» verwendete. Eine Bewegung nach rechts bedeutet, daß eine Institution umgebaut wird, damit sie mehr «machen» kann. Bewegt sie sich nach links, so wird sie umgebaut, damit sie mehr «Tun» oder «Praxis» ermöglicht. Die moderne Technik hat es dem Menschen in vermehrtem Maße ermöglicht, das «Machen» von Dingen Maschinen zu überlassen; dadurch hat er potentiell mehr Zeit zum «Tun» gewonnen. Das Lebensnotwendige zu «machen», nimmt seine Zeit nicht länger in Anspruch. Das Ergebnis dieser Modernisierung ist Arbeitslosigkeit: es ist die Untätigkeit eines Mannes, für den es nichts mehr zu «machen» gibt, und der nicht weiß, was er «tun», d. h. wie er «handeln» soll. Arbeitslosigkeit ist die betrübliche Untätigkeit eines Mannes, der im Gegensatz zu Aristoteles glaubt, daß das Machen von Dingen oder Arbeiten tugendhaft sei, Untätigkeit dagegen schlecht. Arbeitslosigkeit ist das Erlebnis des Menschen, der der protestantischen Ethik erlegen ist. Max Weber zufolge bedarf der Mensch der Muße, um arbeiten zu können. Für Aristoteles ist Arbeit nötig, damit der Mensch Muße haben kann.

Die Technik stellt dem Menschen Zeit zur Verfügung, die er entweder mit Machen oder mit Tun ausfüllen kann. Die Wahl zwischen trübseliger Arbeitslosigkeit oder fröhlicher Muße steht jetzt der ganzen Zivilisation offen. Es kommt darauf an, für welchen Stil der Institutionen die Zivilisation sich entscheidet. Solche Entscheidung wäre in einer antiken Kultur, die sich entweder auf bäuerliche Landwirtschaft oder auf Sklaverei gründete, undenkbar gewesen. Für den nachindustriellen Menschen ist sie unausweichlich geworden.

Eine mögliche Art, verfügbare Zeit auszufüllen, besteht darin, daß man die Nachfrage nach Verbrauchsgütern und zugleich nach der Produktion von Dienstleistungen kräftig anheizt. Das erste setzt eine Wirtschaft voraus, die ein ständig wachsendes Angebot von immer neueren Dingen liefert, die gemacht, verbraucht, weggeworfen und wieder in den Kreislauf eingeschleust werden können. Das zweite bedeutet den eitlen Versuch, lobenswertes Handeln zum Produkt von Dienstleistungseinrichtungen zu «machen». Das führt dazu, daß man Schulbesuch mit Bildung, Gesundheitsdienst mit Gesundheit, Programmbenutzung mit Unterhaltung und Geschwindigkeit mit nützlicher Fortbewegung gleichsetzt. Diese erste Möglichkeit nennt sich heute Entwicklung.

Die radikal andere Methode, verfügbare Zeit auszufüllen, besteht in einem begrenzten Angebot von haltbaren Waren und darin, daß man Institutionen zugänglich macht, die der Möglichkeit und Wünschbarkeit menschlichen Zusammenwirkens mehr Raum gewähren.

Eine Wirtschaft für haltbare Waren ist genau das Gegenteil von einer Wirtschaft, die das Veralten der Waren einplant. Eine Wirtschaft für haltbare Waren bedeutet eine Einschränkung des Warenangebotes. Die Waren müßten so beschaffen sein, daß sie größtmögliche Gelegenheit bieten, etwas mit ihnen zu «tun»: Gegenstände, die man selber zusammensetzen, mit denen man sich helfen, die man wiederverwenden und reparieren kann.

Zu einem Angebot von haltbaren Waren, die man reparieren und wiederverwenden kann, gehört nicht etwa eine Vermehrung institutionell produzierter Dienstleistungen, sondern vielmehr ein Gefüge von Institutionen, die ständig zum Handeln, zur Teilnahme und Selbsthilfe erziehen. Der Übergang unserer Gesellschaft aus der Gegenwart – in der alle Institutionen zur nachindustriellen Bürokratie tendieren – in eine Zukunft der nachindustriellen Geselligkeit – in der intensives Handeln über die Produktion triumphieren würde – muß damit beginnen, daß der Stil der Dienstleistungseinrichtungen erneuert wird, vor allem mit einer Erneuerung des Bildungswesens. Daß die Zukunft erstrebenswert und erreichbar wird, hängt davon ab, daß wir bereit sind, unser technisches Know-how in die Ausbildung geselliger Institutionen zu investieren. Auf dem Gebiet der Bildungsforschung bedeutet das, daß wir die derzeitigen Bestrebungen umkehren.

Irrationale Folgerichtigkeit [1]

Die heutige Krise des Bildungswesens verlangt, wie mir scheint, daß wir lieber die Vorstellung staatlich verordneten Lernens als solche überprüfen, und nicht die zu ihrer Durchsetzung verwendeten Methoden. Die Ausfallrate – zumal bei den Schülern der Mittelstufe (junior-high-school students) und bei Volksschullehrern – läßt erkennen, daß wir von Grund auf einer völlig neuen Betrachtungsweise bedürfen. Der «Klassenzimmer-Praktiker», der sich selbst für einen liberalen Lehrer hält, wird von allen Seiten angegriffen. Die Bewegung für freie Schulen, die Disziplin und Indoktrination verwechselt, malt ihn in der Rolle eines destruktiven Autoritären. Der Bildungstechniker beweist unablässig, daß der Lehrer beim Messen und Verändern von Verhalten unterlegen ist. Und die Schulverwaltung, für die er arbeitet, zwingt ihn, sich sowohl Summerhill als auch Skinner zu beugen, und macht damit offenkundig, daß zwangsmäßiges Lernen nicht ein liberales Unternehmen sein kann. Da ist es kein Wunder, daß mehr Lehrer als Schüler fahnenflüchtig werden.

Amerikas Verpflichtung zur zwangsmäßigen Erziehung seiner Jugend erweist sich jetzt als ebenso eitel wie die angebliche Verpflichtung Amerikas zur zwangsmäßigen Demokratisierung der Vietnamesen. Die herkömmlichen Schulen schaffen das offensichtlich nicht. Die Bewegung für freie Schulen lockt zwar unkonventionelle Lehrer an, unterstützt aber letzten Endes doch die herkömmliche Ideologie der Schulbildung. Und die Verheißungen der Bildungstechniker, ihre Forschung und Entwicklungsarbeit könne – falls sie angemessen finanziert würde – eine Art endgültiger Lösung für den Widerstand der Jugend gegen zwangsmäßiges Lernen bieten, klingt ebenso zuversichtlich und erweist sich als ebenso töricht wie die entsprechenden Verheißungen der Militärtechniker.

Die Kritik, welche Verhaltensforscher am amerikanischen Schulsystem üben, steht der Kritik der neuen Richtung von radikalen Erziehern diametral gegenüber. Die Verhaltensforscher wenden Bildungsforschung auf die «Induzierung autotelischer Unterweisung durch individualisierte Lernpakete» an. Ihre Methode stößt sich mit der lenkungsfreien Kooptierung von jungen Menschen in befreite Kommunen, die unter der Aufsicht von Erwachsenen geschaffen worden sind. Vom historischen Standpunkt aus sind beide jedoch zeitgenössische Erscheinungsformen der widersprüchlichen, sich eigentlich aber doch ergänzenden Ziele des staatlichen Schulwesens. Seit Anfang des Jahrhunderts sind die Schulen Vorkämpfer gesell-

1 Dieses Kapitel war ursprünglich ein Vortrag, der am 6. Februar 1971 vor der «American Educational Research Association» in New York gehalten wurde.

schaftlicher Kontrolle einerseits und freier Zusammenarbeit andererseits, die beide in den Dienst der «guten Gesellschaft» gestellt werden, worunter man ein hochorganisiertes und reibungslos arbeitendes korporatives Gebilde versteht. Unter dem Einfluß intensiver Verstädterung wurden Kinder ein natürlicher Rohstoff, der von den Schulen geformt und in die Industriemaschine eingespeist werden mußte. Eine fortschrittliche Politik und der Leistungskult führten gemeinsam zur Ausbildung der amerikanischen Staatsschule.[1] Berufsberatung und die junior high school waren zwei wichtige Ergebnisse dieser Denkweise.

Es scheint also, daß der Versuch, spezielle Veränderungen des Verhaltens herbeizuführen, die meßbar sind und für die der Urheber verantwortlich gemacht werden kann, nur die eine Seite der Medaille ist; die Kehrseite ist die Befriedung der jungen Generation in besonders hergerichteten Enklaven, wo sie in die Traumwelt der Älteren hineinverführt werden. Diese Befriedeten in der Gesellschaft werden sehr treffend von Dewey geschildert. Er möchte «aus jeder unserer Schulen ein embryonisches Gemeinschaftsleben machen, in denen typische Beschäftigungen lebendig sind, die das Leben der Gesellschaft im Ganzen widerspiegeln und es mit dem *Geist* von Kunst, Geschichte und Wissenschaft *durchdringen*». Unter diesem historischen Aspekt wäre es ein schwerer Fehler, den derzeitigen Dreiecksstreit zwischen Schulestablishment, Bildungstechnikern und freien Schulen als Vorspiel zu einer Revolution im Bildungswesen zu deuten. Dieser Streit ist vielmehr Ausdruck einer Etappe des Versuchs, einen alten Traum zur Wirklichkeit emporzusteigern und alles wertvolle Lernen endgültig zum Ergebnis hauptberuflichen Lehrens zu machen. Die meisten Bildungsalternativen, die vorgeschlagen werden, konvergieren auf Ziele hin, die der Produktion des kooperativen Menschen immanent sind, dessen individuelle Bedürfnisse mittels seiner Spezialisierung innerhalb des amerikanischen Systems befriedigt werden. Sie werden ausgerichtet auf die Verbesserung dessen, was ich – mangels eines geeigneteren Ausdrucks – die verschulte Gesellschaft nenne. Selbst die scheinbar radikalen Kritiker des Schulsystems sind nicht bereit, auf die Vorstellung zu verzichten, daß sie gegenüber der Jugend und zumal gegenüber den Armen eine Verpflichtung haben: die Verpflichtung, sie durch Liebe oder durch Furcht für eine Gesellschaft zurechtzumachen, die auf disziplinierte Spezialisierung ihrer Produzenten und ihrer Verbraucher ebenso angewiesen ist wie auf deren feste Verpflichtung auf die Ideologie, die dem Wirtschaftswachstum den ersten Platz einräumt.

Die Meinungsverschiedenheiten verschleiern die Widersprüche, die der

1 Vgl. *Joel Spring*, Education and the Rise of the Corporate State. Cuaderno Nr. 50, Centro Intercultural de Documentación, Cuernavaca, Mexiko, 1971.

Die Ausbildung der Kinder . . .

bloßen Vorstellung von Schule schon innewohnen. Die etablierten Lehrerverbände, die technischen Zauberkünstler und die pädagogische Befreiungsbewegung verstärken die Verpflichtung der ganzen Gesellschaft auf die grundlegenden Axiome einer verschulten Welt. Auf ähnliche Weise verstärken viele Friedens- und Protestbewegungen die Verpflichtung ihrer Mitglieder – mögen es Schwarze oder Frauen, Jugendliche oder Arme sein – auf das Bestreben, Gerechtigkeit durch Vermehrung des Bruttosozialprodukts zu erreichen.

Einige der Glaubenssätze, die heute nicht in Zweifel gezogen werden, lassen sich leicht aufzählen. Da ist zunächst der verbreitete Glaube, daß ein Verhalten, das der Schüler vor den Augen eines Pädagogen erworben hat, für den Schüler besonders wertvoll und für die Gesellschaft besonders segensreich sei. Das hängt mit der Annahme zusammen, daß der soziale Mensch nur in der Jugend geboren werde, und zwar richtig geboren nur, wenn er im Mutterleib der Schule heranreift; diesen wollen die einen durch Nachgiebigkeit sanft gestalten, andere wollen ihn mit allerlei Apparaten vollstopfen, während wieder andere ihm den Anstrich einer liberalen Tradition geben wollen. Schließlich gibt es eine allgemeine Auffassung von Jugend, die psychologisch romantisch und politisch konservativ ist. Dieser Auffassung zufolge müssen Veränderungen der Gesellschaft dadurch herbeigeführt werden, daß man der Jugend die Verantwortung für ihre Umgestaltung aufbürdet – aber erst dann, wenn sie schließlich aus der Schule entlassen ist. Einer Gesellschaft, die auf solchen Überzeugungen beruht, fällt es leicht, ein Gefühl der Verantwortung für die Erziehung der jungen Generation zu schaffen; das aber bedeutet unweigerlich, daß einige Menschen für andere Lebensziele auswählen, bestimmen und bewerten dürfen. In einem «Abschnitt aus einer imaginären chinesischen Enzyklopädie» versucht Jorge Luis Borges das Schwindelgefühl zu schildern, das ein solcher Versuch auslösen muß. Er erzählt uns, die Tiere würden in folgende Klassen eingeteilt: «1) die dem Kaiser gehören, 2) die einbalsamiert werden, 3) die zu Haustieren werden, 4) die Spanferkel, 5) die Sirenen, 6) Fabeltiere, 7) wildernde Hunde, 8) die in dieser Klassifizierung Enthaltenen, 9) die sich selber verrückt machen, 10) unzählige, 11) die mit einem feinen Kamelhaarpinsel Angemalten, 12) und so weiter, 13) die gerade den Krug zerbrochen haben, 14) die aus der Entfernung wie Fliegen aussehen.» Nun entsteht solche Skala nicht, wenn nicht einer glaubt, sie diene seinen Zwecken; in diesem Fall, so meine ich, war dieser Jemand ein Steuereinzieher. Wenigstens für ihn muß diese Einordnung der Tiere einen Sinn gehabt haben, wie ja auch für wissenschaftliche Autoren die Einordnung von Erziehungszielen einen Sinn hat.

Bei einem Bauern muß die Hellsicht von Männern mit so unerforschlicher Logik, die die Macht haben, sein Vieh zu bewerten, das kältende

Gefühl seiner Ohnmacht hervorrufen. Aus ähnlichen Gründen mögen Schüler sich verrückt vorkommen, wenn sie sich ernstlich einem Curriculum unterwerfen. Jedenfalls haben sie noch mehr Angst als mein imaginärer chinesischer Bauer, weil nicht ihr Rindvieh, sondern ihr Lebensziel mit einem unverständlichen Zeichen gebrandmarkt wird.

Der Abschnitt aus Borges fasziniert, weil er an die Logik der irrationalen Folgerichtigkeit erinnert, die Kafkas und Koestlers Bürokraten so unheimlich und doch so lebensnah erscheinen läßt. Irrationale Folgerichtigkeit hypnotisiert Kumpane, die damit beschäftigt sind, sich auf beiderseits zweckdienliche und disziplinierte Weise auszubeuten. Es ist die Logik, wie sie von bürokratischem Verhalten erzeugt wird; und sie wird zur Logik einer Gesellschaft, die verlangt, daß die Manager ihrer Bildungseinrichtungen für Veränderungen, die sie im Verhalten ihrer Klienten hervorrufen, öffentlich zur Rechenschaft gezogen werden. Studenten, die man dazu bewegen kann, auf die Bildungspakete Wert zu legen, welche ihre Lehrer sie zu konsumieren zwingen, ähneln den chinesischen Bauern, die ihre Viehherden in den von Borges gelieferten Steuerformularen unterbringen können.

Irgendwann während der beiden letzten Menschenalter setzte sich in der amerikanischen Kultur ein Bekenntnis zur Therapie durch. Lehrer galten nunmehr als Therapeuten, auf deren Dienste alle Menschen angewiesen sind, wenn sie sich der Gleichheit und Freiheit erfreuen wollen, mit denen sie, wie die Verfassung sagt, geboren werden. Als nächsten Schritt empfehlen die Lehrer-Therapeuten jetzt lebenslange Bildungsbehandlung. Über den *Stil* dieser Behandlung redet man: Sollte sie die Form annehmen, daß Erwachsene fortlaufend in Klassenzimmern anwesend sein müssen? Elektronische Ekstase? Oder gelegentliche Kurse zur Förderung der Aufnahmefähigkeit? Alle Erzieher verschwören sich bereitwilligst, um die Wände des Klassenzimmers zu beseitigen, damit schließlich die gesamte Kultur in eine Schule verwandelt wird.

Hinter ihrer geräuschvollen Rhetorik ist die amerikanische Kontroverse über die Zukunft des Bildungswesens konservativer als die Diskussion über sonstige öffentliche Angelegenheiten. In der Außenpolitik erinnert uns wenigstens ständig eine organisierte Minderheit daran, daß die Vereinigten Staaten auf ihre Rolle als Weltpolizist verzichten müssen. Radikale Wirtschaftler und heute sogar schon ihre weniger radikalen Lehrer bezweifeln, ob das Wachstum der Gesamtwirtschaft ein erstrebenswertes Ziel sei. Im Gesundheitswesen gibt es Lobbys, die für Vorbeugung anstatt Heilung eintreten, im Verkehrswesen solche, die ungehinderten Verkehrsfluß für wichtiger halten als Geschwindigkeit. Nur im Bildungswesen bleiben die Stimmen, die ausdrücklich eine radikale Entschulung der Gesellschaft fordern, so vereinzelt. Es fehlt an einleuchtenden Argumenten und reifen Führern, welche den Abbau sämtlicher Institutionen zum Ziel haben, die dem zwangsmäßigen Lernen dienen. Im Augenblick ist die radikale Entschulung der Gesellschaft noch ein Programm ohne Partei. Das überrascht besonders in einer Zeit, da bei den Zwölf- bis Siebzehnjährigen ein, wenn auch chaotischer, Widerstand gegen jegliche Form von institutionell geplanter Unterweisung im Wachsen begriffen ist.

Bildungsneuerer glauben immer noch, daß Bildungsinstitutionen für das Programm, das sie verpacken, als Trichter dienen. Für meine These ist es belanglos, ob diese Trichter die Form von Klassenzimmern, Fernsehempfängern oder «Freiräumen» annehmen. Ebenso belanglos ist, ob die Pakete, die man kauft, üppig oder ärmlich, heiß oder kalt, hart und meßbar (wie die Mengenlehre) oder überhaupt nicht faßbar (wie die Reaktionsfähigkeit) sind. Es kommt nur darauf an, daß man Bildung als das Ergebnis eines institutionellen Verfahrens unter Leitung eines Erziehers begreift. Solange das Verhältnis weiter das zwischen Lieferant und Verbraucher bleibt, wird sich die Bildungsforschung im Kreise drehen. Sie wird wissenschaftliche Beweise dafür anhäufen, daß noch mehr Bildungspakete benötigt und mit noch tödlicherer Genauigkeit an den einzelnen Kunden geliefert werden, wie auch eine bestimmte Sorte Sozialwissenschaft nachweisen kann, daß es nötig sei, mehr militärische Behandlung zu liefern.

Eine Bildungsrevolution hängt davon ab, daß in zweifacher Hinsicht eine Umkehr stattfindet: eine Neuorientierung der Forschung und ein neues Verständnis des Bildungsstils einer im Entstehen begriffenen Gegenkultur.

Eine auf die Praxis bezogene Forschung sucht jetzt die Leistungsfähigkeit eines ererbten Systems optimal zu verbessern – eines Systems, das sich selber niemals in Frage gestellt hat. Dieses System hat die syntaktische Struktur eines Trichters, mit dem Pakete gelehrt werden. Die syntaktische Alternative dazu ist ein Bildungsnetz oder -gewebe zum selbständigen Zusammensetzen der Hilfsmittel unter persönlicher Aufsicht des Lernenden. Diese alternative Struktur liegt jetzt im blinden Fleck der Vorstellungen unserer Bildungsforscher. Würde die Forschung ihren Blick darauf richten, so würde das eine echte wissenschaftliche Revolution bedeuten.

Der blinde Fleck der Bildungsforschung ist Ausdruck des Vorurteils einer Gesellschaft, in der man technisches Wachstum mit technokratischer Kontrolle verwechselt hat. Für den Technokraten wird eine Umwelt um so wertvoller, je mehr Kontakte zwischen einem Menschen und dessen Milieu sich programmieren lassen. In dieser Welt kommen die Entscheidungen, die von dem Beobachter oder Planer gelenkt werden können, allmählich mit den Entscheidungen zur Deckung, die dem beobachteten sogenannten Nutznießer möglich sind. Die Freiheit wird auf die Auswahl von abgepackten Waren beschränkt.

Die im Entstehen begriffene Gegenkultur betont wieder den Wert der semantischen Inhalte gegenüber der Leistungsfähigkeit einer vermehrten und starreren Syntax. Sie schätzt den Wert der Bedeutung höher als das Vermögen der Syntax, Reichtum zu produzieren. Sie schätzt das unvorhersehbare Ergebnis selbstgewählter persönlicher Begegnung höher ein als die diplomierte Qualität fachmännischer Unterweisung. Diese Umorientierung auf persönliche Überraschung anstatt auf institutionell gelenkte Werte wird sich auf die etablierte Ordnung störend auswirken, bis wir es lernen, zu unterscheiden zwischen der zunehmenden Verfügbarkeit technischer Werkzeuge, welche Begegnungen erleichtern, und der zunehmenden Kontrolle der Technokraten über das, was bei der Begegnung von Menschen geschieht.

Unsere derzeitigen Bildungseinrichtungen dienen den Zielen des Lehrers. Wir brauchen aber Beziehungsstrukturen, die es jedermann ermöglichen, sich selber dadurch zu entwickeln, daß er lernt und zum Lernen anderer beiträgt.

Wege zum Lernen

In einem früheren Kapitel habe ich mich mit einer immer häufiger vorkommenden Beschwerde über Schulen beschäftigt, die z. B. auch in einem neueren Bericht der Carnegie Commission Ausdruck findet: In die Schule aufgenommene Schüler unterwerfen sich diplomierten Lehrern, um ihrerseits wieder Diplome zu erlangen. Beide sind frustriert, und beide geben die Schuld an ihrer gegenseitigen Frustrierung den unzulänglichen Möglichkeiten: Geld, Zeit oder Gebäude.

Solche Kritik veranlaßt viele Leute zu der Frage, ob es möglich sei, sich eine andere Art des Lernens vorzustellen. Fordert man diese Leute auf, näher darzulegen, wie sie das, was sie wissen und worauf sie Wert legen, gelernt haben, so geben sie paradoxerweise bereitwillig zu, daß sie mehr außerhalb als in der Schule gelernt haben. Ihr Tatsachenwissen und ihr Verständnis von Leben und Arbeit haben sie aus Freundschaft oder Liebe, beim Fernsehen oder Lesen, aus Beispielen Gleichgesinnter oder durch eine anregende Straßenbekanntschaft gewonnen. Oder sie haben das, was sie wissen, gelernt, weil sie die rituelle Lehrzeit für Zulassung zu einer Straßenbande, zu einem Kranhaus, einer Zeitungsredaktion, einer Klempnerwerkstatt oder einer Versicherungsgesellschaft durchlaufen haben. Die Alternative zur Abhängigkeit von Schulen ist nicht die Verwendung öffentlicher Mittel für irgendeine neue Einrichtung, welche die Menschen lernen «macht»; sie besteht vielmehr in der Entwicklung eines neuen Stils von bildenden Beziehungen zwischen dem Menschen und seiner Umwelt. Um diesen Stil zu pflegen, müssen die Einstellung zum Erwachsenwerden, die für das Lernen verfügbaren Hilfsmittel und die Qualität und Struktur des täglichen Lebens ineinandergreifend verändert werden.

Die Einstellung wandelt sich bereits. Daß man sich stolz auf die Schule verläßt, ist vorbei. In der Wissensindustrie nimmt der Widerstand der Verbraucher zu. Viele Lehrer und Schüler, Steuerzahler und Arbeitgeber, Wirtschaftsfachleute und Polizisten wären lieber nicht mehr auf Schulen angewiesen. Wenn ihre Frustration neue Institutionen nicht zu gestalten vermag, so liegt das daran, daß ihnen nicht nur Phantasie fehlt, sondern auch eine angemessene Ausdrucksweise und ein aufgeklärter Egoismus. Sie können sich weder eine entschulte Gesellschaft noch Bildungseinrichtungen in einer Gesellschaft vorstellen, welche die Schule abgeschafft hat.

In diesem Kapitel möchte ich darlegen, daß eine Umkehrung der Schule möglich ist: daß wir uns auf selbstmotiviertes Lernen stützen können, anstatt Lehrer zu beschäftigen, die den Schüler bestechen oder zwingen, Zeit und Willen zum Lernen zu finden; daß wir dem Lernenden neue Verbindungen zur Welt erschließen können, anstatt alle Bildungsprogramme durch den Lehrer zu leiten. Ich werde einige allgemeine Merkmale erörtern, welche Schulbildung vom Lernen unterscheiden, und vier große Gruppen von Bildungseinrichtungen skizzieren, die nicht nur viele einzelne, sondern auch schon vorhandene Interessengruppen ansprechen sollten.

Ein Einwand: Wem nützen «Brücken ins Nichts»?

Wir haben uns angewöhnt, die Schule als eine Variable zu betrachten, die von der politischen und wirtschaftlichen Struktur abhängig ist. Falls wir die Art der politischen Führung ändern oder die Interessen dieser oder jener Klasse fördern oder die Produktionsmittel aus Privatbesitz in öffentliches Eigentum überführen könnten, so meinen wir, daß sich das Schulsystem ebenfalls ändern würde. Die von mir vorgeschlagenen Bildungseinrichtungen hingegen sollen einer Gesellschaft dienen, die es noch gar nicht gibt; allerdings könnte die derzeitige Frustrierung durch die Schulen vielleicht selber ein wichtiger Faktor werden, der einen Wandel zu neuen gesellschaftlichen Beziehungen in Gang setzt. Gegen diesen Versuch hat man einen naheliegenden Einwand vorgebracht: Warum soll man Kraft darauf verwenden, um Brücken ins Nichts zu bauen, anstatt erst einmal Kräfte zu sammeln, um nicht die Schulen, sondern das politische und wirtschaftliche System zu ändern?

Dieser Einwand unterschätzt jedoch den grundlegenden politischen und wirtschaftlichen Charakter des Schulwesens und auch das politische Potential, das in jeder wirksamen Herausforderung des Schulsystems beschlossen liegt.

Im Grunde sind Schulen nicht mehr abhängig von der Ideologie, zu der sich ein Staat oder eine Wirtschaftsordnung bekennen. Andere grundlegende Institutionen mögen von Land zu Land verschieden sein: Familie, Parteien, Kirche oder Presse. Das Schulwesen hat aber überall die gleiche Struktur, und überall hat sein verborgenes Curriculum die gleiche Wirkung. Es prägt unweigerlich den Verbraucher, der institutionelle Waren höher schätzt als die unfachmännischen Dienste eines Nachbarn.

Überall macht das verborgene Curriculum der Schulbildung den Bürger mit dem Mythos vertraut, daß Bürokratien, die von wissenschaftlichen Kenntnissen geleitet werden, leistungsfähig und wohlwollend sind. Überall impft ebendieses Curriculum dem Schüler den Mythos ein, daß vermehrte Produktion ein besseres Leben verschaffen werde. Überall fördert es die Gewöhnung an einen sich selbst frustrierenden Konsum von Dienstleistungen und eine entfremdende Produktion; es lehrt, die Abhängigkeit von Institutionen hinzunehmen und eine institutionelle Rangfolge anzuerkennen. Das verborgene Curriculum der Schule bewirkt alles dies trotz gegenteiliger Bemühungen von Lehrern und ohne Rücksicht auf die herrschende Ideologie. Anders ausgedrückt: Schulen gleichen sich in den Grundzügen in allen Ländern, mögen sie faschistisch, demokratisch oder sozialistisch, groß oder klein, reich oder arm sein. Diese Übereinstimmung des Schulsystems zwingt uns zu der Einsicht, daß auch Mythos, Produktionsweise und Art der gesellschaftlichen Kontrolle überall in der Welt zutiefst übereinstimmen, obwohl es eine solche Vielzahl von Mythologien gibt, in denen der Mythos Ausdruck findet.

Angesichts dieser Übereinstimmung ist es illusorisch zu behaupten, die Schule sei in irgendeinem tieferen Sinne eine abhängige Variable. Deshalb ist es ebenfalls illusorisch, auf einen grundlegenden Wandel des Schulsystems als Folge einer konventionell verstandenen Veränderung von Gesellschaft oder Wirtschaft zu hoffen. Zudem verleiht diese Illusion der Schule als dem reproduzierenden Organ einer Verbrauchergesellschaft eine fast unangefochtene Immunität.

An diesem Punkt wird das chinesische Beispiel wichtig. Drei Jahrtausende lang hat China die höhere Bildung dadurch geschützt, daß es den Lernvorgang und die durch Mandarinenprüfungen erworbenen Privilegien völlig voneinander getrennt hielt. Um eine Weltmacht und ein moderner Nationalstaat zu werden, mußte China die international übliche Schulbildung übernehmen. Erst später werden wir feststellen können, ob die Große Kulturrevolution sich als der erste erfolgreiche Versuch zur Entschulung gesellschaftlicher Institutionen erweisen wird.

Selbst die sporadische Einführung neuer Bildungseinrichtungen, die das Gegenteil von Schule wären, würde einen Angriff auf die empfindlichste Stelle eines universellen Phänomens bedeuten, das der Staat in allen Ländern organisiert. Ein politisches Programm, welches nicht ausdrücklich die Notwendigkeit der Entschulung anerkennt, ist nicht revolutionär; es ist der demagogische Ruf nach mehr von derselben Sache. Jedes wichtige politische Programm der siebziger Jahre sollte nach diesem Maßstab bewertet werden: Wie deutlich bekennt es sich zur Notwendigkeit der Entschulung – und wie deutlich liefert es Richtlinien für die Bildungsqualität der Gesellschaft, die es anstrebt?

Der Kampf gegen eine Vorherrschaft des Weltmarktes und der Großmachtpolitik mag die Kräfte mancher armer Gemeinwesen oder Länder übersteigen; aber diese Schwäche ist ein weiterer Grund, um hervorzuheben, wie wichtig es ist, jede Gesellschaft durch eine Umkehrung ihrer Bildungsstruktur zu befreien. Das ist eine Veränderung, welche die Möglichkeiten keiner Gesellschaft übersteigt.

Ein gutes Bildungswesen sollte drei Zwecken dienen: Es sollte allen, die lernen wollen, zu jedem Zeitpunkt ihres Lebens Zugang zu vorhandenen Möglichkeiten gewähren; es sollte allen, die ihr Wissen mit andern teilen wollen, Vollmacht geben, diejenigen zu finden, die von ihnen lernen wollen; schließlich sollte es allen, die der Öffentlichkeit ein Problem vorlegen wollen, Gelegenheit verschaffen, ihre Sache vorzutragen. Ein solches System würde die Anwendung verfassungsmäßiger Garantien auf das Bildungswesen erfordern. Lernende sollten nicht gezwungen werden, sich einem pflichtmäßigen Curriculum zu unterwerfen, noch sollten sie danach unterschieden werden, ob sie ein Zeugnis oder Diplom besitzen oder nicht. Ferner sollte die Öffentlichkeit nicht gezwungen werden, durch regressive Besteuerung einen riesigen Apparat an hauptberuflichen Lehrern und Gebäuden zu unterhalten, der de facto die Lernmöglichkeiten ebendieser Öffentlichkeit auf die Dienste beschränkt, die der Berufsstand auf den Markt zu bringen bereit ist. Ein gutes Bildungswesen sollte sich der modernen Technik bedienen, um Redefreiheit, Versammlungsfreiheit und eine freie Presse wahrhaft zum Allgemeinbesitz zu machen und dadurch in vollem Umfang in den Dienst der Bildung zu stellen.

Schulen beruhen auf der Vermutung, daß jedes Ding im Leben ein Geheimnis birgt; daß die Qualität des Lebens von der Kenntnis dieses Geheimnisses abhängt; daß man Geheimnisse nur in der richtigen Reihenfolge kennenlernen kann; und daß nur Lehrer diese Geheimnisse auf die rechte Weise offenbaren können. Wer einen geschulten Kopf hat, stellt sich die Welt als eine Pyramide aus klassifizierten Paketen vor, zu der Zugang nur hat, wer die richtigen Preisschilder trägt. Neue Bildungseinrichtungen würden diese Pyramide aufbrechen. Ihr Ziel muß sein, dem Lernenden den Zugang zu erleichtern: ihm einen Blick in die Fenster des Kontrollraums oder Parlaments zu gestatten, wenn er schon nicht durch die Tür hineingelangen kann. Außerdem sollten solche neuen Einrichtungen Kanäle sein, zu denen der Lernende ohne Beglaubigung oder Stammbaum Zutritt erhält: öffentliche Räume, in denen ihm Gleichaltrige und Ältere außerhalb seines engsten Umkreises zur Verfügung stehen.

Ich glaube, daß höchstens vier – vielleicht sogar nur drei – verschiedene «Kanäle» oder Lernbörsen alle für wirkliches Lernen erforderliche Möglichkeiten enthalten könnten. Das Kind wächst in einer Welt heran, in der es von Menschen umgeben ist, die ihm als Vorbilder für seine Fertigkeiten und Wertvorstellungen dienen können. Es findet Altersgenossen, die es zur Diskussion, zum Wettbewerb, zur Zusammenarbeit und zum Verstehen herausfordern; wenn das Kind Glück hat, wird es zudem von einem erfahrenen Älteren, der sich wirklich darum kümmert, der Konfrontation oder Kritik ausgesetzt. Dinge, Vorbilder, Partner und Ältere sind vier Möglichkeiten, deren jede auf besondere Art angeordnet werden muß, um sicherzustellen, daß sie jedermann in reichem Maße zugänglich sind.

Wir brauchen neue Anlagen*, die der Öffentlichkeit ohne weiteres zur Verfügung stehen und so beschaffen sind, daß sie jedermann gleiche Gelegenheiten zum Lernen und Lehren anbieten.

Um ein Beispiel zu geben: Man verwendet die gleiche Stufe der Technik bei Fernseh- und Tonbandgeräten. Heute haben alle lateinamerikanischen Länder Fernsehen eingeführt. In Bolivien hat die Regierung vor sechs Jahren einen Fernsehsender errichtet, doch gibt es für vier Millionen Staatsbürger nur ein paar Tausend Empfänger. In ganz Lateinamerika hätte das Geld, das heute in Fernseheinrichtungen festliegt, jeden fünften Erwachsenen mit einem Tonbandgerät ausstatten können. Außerdem hätte das Geld noch gereicht, um eine nahezu unbegrenzte Bibliothek von bespielten Tonbändern anzulegen, die auch an entfernteste Dörfer ausgeliehen werden könnten, und dazu einen genügenden Vorrat an unbespielten Bändern.

Dieses Netz von Tonbandgeräten würde sich natürlich radikal vom heutigen Fernsehnetz unterscheiden. Es würde die Möglichkeit schaffen, sich frei auszudrücken: Des Lesens Kundige und Analphabeten könnten gleichermaßen ihre Meinungen aufzeichnen, aufbewahren, verbreiten und wiederholen. Statt dessen verleihen die heutigen Investitionen im Fernsehen Bürokraten, mögen das Politiker oder Erzieher sein, die Macht, institutionell produzierte Programme über den Kontinent zu verstreuen, wobei sie oder ihre Geldgeber darüber entscheiden, was für das Volk gut ist oder von ihm gewünscht wird.

Die Technik steht bereit, um entweder Unabhängigkeit und Lernen oder Bürokratie und Lehren zu fördern.

Vier Anlagen

Die Planung neuer Bildungseinrichtungen sollte nicht von den Verwaltungszielen eines Rektors oder Präsidenten noch von den Lehrzielen eines

* Der Verfasser benutzt hier das Wort «network», das er jedoch selber nicht als befriedigend empfindet und teilweise durch «web» ersetzt. Im Deutschen geben weder «Netz» noch «Gewebe» oder «Geflecht» eine richtige Vorstellung von dem, was gemeint ist. Da der Verfasser im folgenden ausführlich darlegt, wie diese «networks» oder «webs» beschaffen sein und welchen Zwecken sie dienen sollen, erscheint es zweckmäßig und ausreichend, im deutschen Text den weniger bildhaften, aber verständlicheren Begriff «Anlagen» zu verwenden. (Anm. d. Übers.)

hauptberuflichen Erziehers noch von den Lernzielen einer hypothetischen Gruppe von Menschen ausgehen. Nicht die Frage «Was soll einer lernen?» muß am Anfang stehen, sondern die Frage: «Mit was für Dingen und Menschen möchten Lernende wohl in Berührung kommen, um zu lernen?»

Wer lernen will, weiß, daß er Informationen benötigt und eines andern kritische Stellungnahme zur Anwendung der Informationen. Diese lassen sich in Dingen und in Personen speichern. Der Zugang zu Dingen sollte in einem guten Bildungswesen dem Lernenden auf dessen bloßen Wunsch hin möglich sein; der Zugang zu Informanten erfordert außerdem die Zustimmung anderer Menschen. Auch Kritik kann aus zwei Richtungen kommen: von Gleichaltrigen oder von Älteren, also von Mitlernenden, deren unmittelbare Interessen den meinigen entsprechen, oder von Leuten, die mich an ihrer überlegenen Erfahrung teilhaben lassen wollen. Gleichaltrige können Kollegen sein, mit denen man eine Frage erörtert, Gefährten bei spielerischem und genußreichem (oder mühsamem) Lesen oder Spazierengehen, Rivalen bei irgendeinem Spiel. Ältere können Leute sein, die man um Rat fragt, welche Fertigkeit man jeweils erlernen, welche Methode man anwenden, wessen Gesellschaft man suchen soll. Sie können einen auf die richtigen Fragen hinweisen, die man mit Gleichaltrigen anschneiden soll, und auf die Unzulänglichkeit der Antworten, die man dort findet. Die meisten dieser Möglichkeiten gibt es in großer Fülle. Gewöhnlich aber versteht man sie weder als Bildungsmöglichkeiten, noch sind sie für Lernzwecke leicht zugänglich, zumal für arme Leute. Wir müssen uns neue Beziehungsstrukturen ausdenken, die bewußt zu dem Zweck geschaffen werden, jedem den Zugang zu diesen Möglichkeiten zu erleichtern, der sie für seine Weiterbildung aufsuchen und benutzen will. Um solche netzartigen Strukturen zu errichten, bedarf es organisatorischer, technischer und vor allem gesetzgeberischer Vorkehrungen.

Bildungsmöglichkeiten werden gewöhnlich entsprechend den Lehrplanzielen der Erzieher etikettiert. Ich gedenke umgekehrt zu verfahren und vier verschiedene Wege anzuzeigen, die dem Schüler den Zugang zu jedem Bildungsmittel ermöglichen, das ihm dazu verhelfen könnte, seine eigenen Ziele zu bestimmen und zu erreichen:

1. Nachweisdienste für Bildungsgegenstände. Sie erleichtern den Zugang zu Dingen oder Verfahren, die für formales Lernen benutzt werden. Einige dieser Dinge kann man für diesen Zweck in Bibliotheken, Leihanstalten, Laboratorien und Vorführungsräumen wie Museen und Theatern aufbewahren; andere könnten in Fabriken, Flughäfen oder landwirtschaftlichen Betrieben täglich benutzt, aber Lernenden als Lehrlingen oder in deren Freizeit zur Verfügung gestellt werden.

2. Börsen für Fertigkeiten. Sie ermöglichen es den Menschen, ihre Fertigkeiten oder die Bedingungen, zu denen sie andern, die diese Fertigkeiten

erlernen wollen, als Vorbilder dienen wollen, mitsamt ihren Adressen zu registrieren.

3. Partnervermittlung. Eine der Kommunikation dienende Anlage, die es Menschen ermöglicht, für die Suche nach Partnern ihre Lernwünsche anzugeben.

4. Nachweisdienste für Erzieher aller Art. Diese können in ein Verzeichnis aufgenommen werden, das Adressen und nähere Angaben von hauptberuflichen, halbberuflichen und freiberuflichen Ausbildern sowie die Bedingungen enthält, zu denen ihre Dienste zur Verfügung stehen. Die Auswahl solcher Erzieher könnte durch freie Wahl oder durch Anfragen an frühere Schüler erfolgen.

Nachweisdienste für Bildungsgegenstände

Dinge sind fundamentale Hilfsmittel des Lernens. Die Art der Umwelt eines Menschen und sein Verhältnis zu ihr bestimmen, wieviel er beiläufig lernt. Methodisches Lernen erfordert einerseits speziellen Zugang zu gewöhnlichen Dingen oder andererseits mühelosen, gesicherten Zugang zu speziellen Dingen, die für Bildungszwecke hergestellt werden. Ein Beispiel für die erste Art ist das besondere Recht, eine Maschine in einer Garage zu bedienen oder auseinanderzunehmen. Ein Beispiel für die zweite Art ist das allgemeine Recht, ein Rechenbrett, einen Computer, ein Buch, einen botanischen Garten oder eine Maschine zu benutzen, die aus der Produktion herausgenommen und den Schülern uneingeschränkt zur Verfügung gestellt worden ist.

Zur Zeit konzentriert sich die Aufmerksamkeit auf die Ungleichheit zwischen reichen und armen Kindern, soweit es sich um den Zugang zu Dingen und um die Art und Weise handelt, wie sie aus ihnen lernen können. Demgemäß bemühen sich in den USA verschiedene Behörden darum, für Chancengleichheit zu sorgen, indem sie den Armen mehr Ausrüstung für Bildungszwecke zur Verfügung stellen. Von einem radikaleren Standpunkt aus müßte man anerkennen, daß in der Großstadt Arme und Reiche den meisten Dingen, die sie umgeben, künstlich ferngehalten werden. Kinder des Plastikzeitalters und Leistungsfachleute müssen eine doppelte Schranke durchbrechen, die ihrem Verständnis im Wege steht: die eine ist in die Dinge hineingebaut, die andere um Institutionen herum errichtet. Industrielle Formgebung schafft eine Welt aus Dingen, die sich der Erkenntnis ihres Wesens widersetzen, und Schulen schließen den Menschen aus der Welt von sinnvoll zusammengehörenden Dingen aus.

Eine Frau aus einem mexikanischen Dorf erzählte mir nach einem kurzen Besuch in New York, ihr sei besonders aufgefallen, daß die Läden nur

«Waren, die stark geschminkt sind» verkauften. Ich begriff, daß sie sagen wollte, Industrieprodukte sprächen zu den Kunden über ihre Lockung, nicht aber über ihr Wesen. Die Industrie hat die Menschen mit Gegenständen umgeben, deren innere Funktionen nur Spezialisten verstehen dürfen. Der Nichtspezialist wird eher daran gehindert herauszufinden, warum eine Uhr tickt, ein Telefon klingelt oder eine elektrische Schreibmaschine schreibt, indem man ihm sagt, er würde dabei doch nur Schaden anrichten. Man kann ihm sagen, wie ein Transistorradio funktioniert, aber er kann das nicht allein herausfinden. Auf diese Weise stärkt man nur die Erfindungsarmut einer Gesellschaft, in der die Fachleute es immer leichter haben, sich hinter ihrem Fachwissen zu verstecken und sich jeder Bewertung zu entziehen.

Die von Menschen geschaffene Umwelt ist so unbegreiflich geworden, wie es die Natur für die Primitiven ist. Gleichzeitig ist das Bildungsmaterial von der Schule monopolisiert worden. Einfache Bildungsgegenstände werden von der Wissensindustrie aufwendig verpackt. Sie sind zu Spezialwerkzeugen für hauptberufliche Erzieher geworden, und ihre Kosten wurden aufgebläht, weil man sie gezwungen hat, entweder die Umwelt oder die Lehrer anzuregen.

Der Lehrer hütet eifersüchtig sein Lehrbuch, das er als berufliches Werkzeug versteht. Der Schüler lernt vielleicht das Laboratorium hassen, weil er dabei an Schularbeiten denkt. Der Bibliothekar rechtfertigt seine Haltung als Beschützer der Bibliothek damit, daß er eine kostspielige öffentliche Einrichtung gegen diejenigen verteidigen müsse, die lieber damit spielen als daraus lernen möchten. In einer solchen Atmosphäre benutzt der Schüler allzu oft Landkarten, Laboratorium, Nachschlagewerke oder das Mikroskop nur in den seltenen Augenblicken, wenn das im Lehrplan vorgesehen ist. Selbst die Klassiker werden zu einem Teil des letzten Schuljahres, anstatt eine neue Wende im Leben eines Menschen zu markieren. Die Schule entzieht Dinge dem täglichen Leben, indem sie diese zu Lehrmitteln erklärt.

Wollen wir entschulen, so müssen wir beide Tendenzen in ihr Gegenteil verkehren. Die gegenständliche Umwelt muß zugänglich gemacht werden, und diejenigen gegenständlichen Lernmöglichkeiten, die nur noch als Lehrmittel gelten, müssen für alle, die selbständig lernen, zur Verfügung stehen. Benutzt man Dinge nur als Teile eines Curriculums, so kann sich das noch schlimmer auswirken, als wenn man sie nur aus der Umwelt der Allgemeinheit entfernt. Es kann die Einstellung der Schüler korrumpieren.

Spiele sind ein Beispiel dafür. Ich meine nicht die «Spiele» im Turnunterricht (also Fußball oder Korbball), deren sich die Schulen bedienen, um ihr Einkommen und ihr Prestige zu heben, und in die sie beträchtliches

Kapital investiert haben. Die Sportler selber wissen ganz genau, daß diese Veranstaltungen, welche die Form von kriegerischen Turnieren angenommen haben, das Spielerische am Sport untergraben haben und dazu benutzt werden, den wettbewerblichen Charakter der Schulen zu verstärken. Ich denke vielmehr an erzieherische Spiele, die auf unnachahmliche Weise verfestigte Systeme aufzubrechen vermögen. Mengenlehre, Sprachlehre, logische Sätze, Geometrie, Physik und sogar Chemie werden für manche Leute, die diese Spiele spielen, mühelos verständlich. Ein Freund von mir ging in Mexiko auf einen Markt und nahm ein Spiel mit, das aus einigen Würfeln besteht, auf denen zwölf logische Symbole angebracht sind. Er zeigte Kindern, welche zwei oder drei Symbole sich zu einem richtigen Satz zusammenfügten, und schon in der ersten Stunde erfaßten auch einige Zuschauer induktiv, worauf es ankam. Hat man einige Stunden lang spielerisch logische Beweise geführt, so sind manche Kinder bereits imstande, andern die Grundlagen logischer Beweisführung beizubringen. Die übrigen gehen einfach weg.

Für manche Kinder bedeuten solche Spiele überhaupt auf besondere Weise eine Befreiung zur Bildung, weil sie ihr Bewußtsein dafür schärfen, daß formale Systeme auf veränderlichen Axiomen errichtet werden, und daß der Umgang mit Begriffen spielerischen Charakter hat. Außerdem sind diese Spiele einfach, billig und können weitgehend von den Spielern selber organisiert werden. Verwendet man solche Spiele außerhalb des Curriculums, so bieten sie die Möglichkeit, ungewöhnliche Begabungen zu entdecken und zu entwickeln; die Schulpsychologen hingegen stellen bei denen, die diese Begabung haben, häufig fest, sie liefen Gefahr, antisozial, krank oder unausgeglichen zu werden. Werden Spiele in der Schule in Gestalt von Turnieren betrieben, so werden sie nicht nur dem Bereich der Muße entzogen, sondern dienen häufig dazu, die Lust am Spiel in Wettbewerb umzuwandeln und den Mangel an abstraktem Denken als Beweis von Minderwertigkeit hinzustellen. Eine Veranstaltung, die auf manche Charaktere befreiend wirkt, erweist sich für andere als Zwangsjacke.

Die Kontrolle der Schule über die Lehrmittel hat noch eine weitere Wirkung: sie verteuert diese enorm. Wird der Gebrauch auf Planstunden beschränkt, so wird ihre Anschaffung, Aufbewahrung und Verwendung dafür bezahlten Angestellten übertragen. Die Schüler aber machen ihrem Ärger über die Schule an den Lehrmitteln Luft, die schon bald erneuert werden müssen.

Eine Parallele zur Unantastbarkeit von Lehrmitteln bildet die Unergründlichkeit moderner Altwaren. In den dreißiger Jahren wußte jeder Junge, der auf sich hielt, wie man ein Auto repariert; jetzt aber verwenden die Hersteller das Vielfache an Drähten und stellen ihre Handbücher ausschließlich spezialisierten Mechanikern zur Verfügung. Früher enthielt ein altes Radio genug Kondensatoren und Spulen, um damit einen Sender zu bauen, der durch Rückkopplung alle Radios in der Nachbarschaft aufheulen ließ. Transistorgeräte lassen sich leichter tragen, aber niemand wagt, sie auseinanderzunehmen. Es wird außerordentlich schwierig sein, das in den hochindustrialisierten Ländern zu ändern; aber wenigstens in der Dritten Welt müssen wir darauf bestehen, daß bildende Eigenschaften eingebaut werden.

Ich möchte das an einem Beispiel erläutern: In einem Land wie Peru könnte man mit einem Aufwand von 10 Millionen Dollar 40000 Ansiedlungen durch ein Spinnennetz von zwei Meter breiten Fahrwegen verbinden, diese instandhalten und dazu noch 200000 dreirädrige Motorkarren anschaffen – fünf für jede Siedlung. Kaum ein armes Land dieser Größe gibt heute jährlich weniger für Autos und Straßen aus, die aber den Reichen und deren Angestellten vorbehalten bleiben, während die Armen in ihren Dörfern wie in einer Falle sitzen. Jedes dieser einfachen, aber haltbaren Fahrzeuge würde 125 Dollar kosten. Ein solcher Karren würde 15 Stundenkilometer schaffen und 400 Kilo befördern können (also abgesehen von Baumstämmen und Stahlträgern die meisten Dinge, die gewöhnlich befördert werden).

Daß ein solches Transportwesen für die bäuerliche Bevölkerung reizvoll ist, liegt auf der Hand. Ebenso offenkundig ist der Grund, aus dem die Machthaber – die als solche automatisch auch ein Auto haben – nicht daran interessiert sind, Geld für Bauernwege auszugeben und die Straßen mit Motorkarren zu verstopfen. Der Karren für jedermann wäre nur praktikabel, wenn die Führer eines Landes bereit wären, eine allgemeine Geschwindigkeitsgrenze von etwa 40 Stundenkilometern einzuführen und ihre öffentlichen Einrichtungen dem anzupassen. Das Modell würde nicht funktionieren, wenn man es nur als Behelfslösung ansähe.

Hier ist nicht der Ort, die politische, soziale, wirtschaftliche, finanzielle und technische Durchführbarkeit dieses Modells näher auszuführen. Ich möchte nur zeigen, daß pädagogische Überlegungen von größter Bedeutung sein können, wenn man eine solche Alternative zu kapitalintensivem Verkehr sucht. Würde man die Kosten der Karren um etwa 20 Prozent pro Stück anheben, so könnte man die Herstellung aller Teile dergestalt planen, daß nach Möglichkeit jeder Besitzer ein bis zwei Monate darauf verwenden würde, sein Fahrzeug zu bauen und zu verstehen; er könnte es dann auch reparieren. Bei diesen zusätzlichen Kosten würde es auch möglich, die Herstellung in weit verstreute Fabriken zu dezentralisieren. Weitere Vorteile würden nicht nur daher rühren, daß Bildungskosten in das Herstellungsverfahren eingeschlossen sind. Wichtiger noch wäre, daß ein haltbarer Motor, den zu reparieren praktisch jedermann lernen und den jemand, der ihn begriffen hat, auch beim Pflügen oder als Pumpenmotor verwenden könnte, einen viel höheren Bildungswert abwirft als die unergründlichen Maschinen hochentwickelter Länder.

Nicht nur die Altwaren, sondern auch die angeblich öffentlichen Anlagen der modernen Großstadt sind unerreichbar geworden. In der amerikanischen Gesellschaft werden Kinder von den meisten Dingen und Orten mit der Begründung ausgeschlossen, diese seien Privatbesitz. Aber selbst in Gesellschaften, die das Privateigentum abgeschafft haben, werden Kinder den gleichen Orten und Dingen ferngehalten, weil sie als die besondere Domäne von Fachleuten gelten und dem Uneingeweihten gefährlich werden könnten. Seit einer Generation ist der Güterbahnhof genauso unzugänglich geworden wie das Spritzenhaus. Dabei sollte es mit ein wenig Phantasie nicht schwierig sein, an solchen Orten für Sicherheit zu sorgen. Um die Gerätschaften der Bildung zu entschulen, muß man diese Gerätschaften und Verfahren verfügbar machen – und ihren bildenden Wert anerkennen. Gewiß würden manche Arbeiter es unbequem finden, wenn Lernende zu ihnen Zutritt hätten; aber diese Unbequemlichkeit muß man gegen den Gewinn an Bildung aufwiegen.

Manhattan könnte man für Privatwagen sperren. Das war vor fünf Jahren undenkbar. Heute werden in New York bestimmte Straßen stundenweise gesperrt, und diese Tendenz wird vermutlich zunehmen. Die meisten Nebenstraßen könnten überhaupt für den motorisierten Verkehr gesperrt werden, und Parken sollte überall verboten werden. In einer Stadt, die den Menschen erschlossen wird, könnte man Lehrmittel, die jetzt in Magazinen und Laboratorien weggeschlossen sind, auf selbständig arbeitende Ladendepots verteilen, die Kinder und Erwachsene aufsuchen können, ohne Gefahr zu laufen, daß sie überfahren werden.

Würden die Lernziele nicht mehr von Schulen und Schullehrern beherrscht, so wäre der Markt für Lernende viel mannigfaltiger und der Begriff «Lernmittel» wäre weniger eng. Es könnte Werkstätten, Bibliotheken, Laboratorien und Spielzimmer geben. Dunkelkammern und Offsetpressen würden Nachbarschaftszeitungen zur Blüte verhelfen. Einige «Lernläden» könnten Zuschauerzellen für Kassettenfernsehen unterhalten, andere könnten Büromaschinen zur Benutzung und Reparatur enthalten. Musik-Box und Plattenspieler wären allgemein üblich, wobei sich die einen auf klassische Musik, andere auf internationale Volksweisen, wieder andere auf Jazz spezialisieren. Filmclubs würden miteinander und mit dem kommerziellen Fernsehen konkurrieren. Museumsflure könnten dazu dienen, alte und neue Kunstwerke, Originale und Reproduktionen auszustellen, wobei die verschiedenen Museen der Stadt zusammenarbeiten könnten.

Das hauptberufliche Personal, das für diese Anlage benötigt würde, gliche eher Kustoden, Museumsführern oder Bibliothekaren als Lehrern. Vom Biologieladen an der Ecke könnten sie ihre Kunden an die Muschelsammlung im Museum verweisen oder ihnen mitteilen, wann in einem bestimmten Vorführraum der nächste Biologiefilm gezeigt wird. Sie könnten Richtlinien für Seuchenbekämpfung, Diätvorschriften oder Präventivkuren vermitteln. Ratsuchende könnten sie an «Ältere» verweisen, die Rat geben können.

Um eine Anlage für «Lerngegenstände» zu finanzieren, gibt es zwei Möglichkeiten. Eine Gemeinde könnte für diesen Zweck einen möglichst hohen Betrag im Haushalt auswerfen und dafür sorgen, daß alle Teile der Anlage innerhalb vernünftiger Zeiten allen Besuchern offenstehen. Oder die Gemeinde könnte bestimmten, daß ihre Bürger je nach ihrem Alter mit begrenzten Berechtigungsscheinen ausgestattet werden, die ihnen zu bestimmten Lehrmitteln, welche teuer und selten sind, gesondert Zutritt gewähren, während einfacheres Material jedermann zur Verfügung stände.

Die Geldmittel für die Beschaffung von Material zu finden, das speziell für Bildungszwecke gemacht wird, ist nur der eine – und vielleicht der am wenigsten kostspielige – Aspekt beim Aufbau einer pädagogischen Welt. Das Geld, das jetzt für das geheiligte Drum und Dran des Schulrituals ausgegeben wird, könnte freigestellt werden, um allen Bürgern mehr Zugang zum eigentlichen Leben der Stadt zu verschaffen. Denen, die – sofern die Arbeitsbedingungen human sind – Kinder zwischen acht und vierzehn Jahren täglich ein bis zwei Stunden beschäftigen, könnten Steuervergünstigungen gewährt werden.

Wir sollten zu der Tradition des Bar-Mizwa oder der Konfirmation zurückkehren. Damit meine ich, daß wir die Rechtlosigkeit der Jugend zunächst abbauen und später ganz beseitigen und einem zwölfjährigen Jungen gestatten sollten, ein Mann zu werden, der für seine Teilnahme am Leben des Gemeinwesens voll verantwortlich ist. Manche «Schulkinder» wissen von ihrer Nachbarschaft mehr als Sozialpfleger oder Gemeinderäte. Natürlich stellen sie auch mehr peinliche Fragen und schlagen Lösungen vor, welche die Bürokratie bedrohen. Man sollte ihnen gestatten, mündig zu werden, damit sie ihr Wissen und ihre Fähigkeit, Tatsachen herauszufinden, in den Dienst einer Volksregierung stellen können.

Bis vor kurzem wurden die Gefahren der Schule im Vergleich zu einer Lehre bei der Polizei oder Feuerwehr oder im Unterhaltungsgewerbe häufig unterschätzt. Es war einfach, die Schule als eine Einrichtung zum Schutz der Jugend zu rechtfertigen. Heute sticht dieses Argument häufig nicht mehr. Unlängst besuchte ich eine Methodistenkirche in Harlem; sie wurde von einer Gruppe bewaffneter «Young Lords» besetzt gehalten, die damit gegen den Tod von Julio Rodan protestierten, einem jungen Puertoricaner, der in seiner Gefängniszelle erhängt aufgefunden worden war. Ich kannte die Führer der Gruppe, die ein Semester in Cuernavaca verbracht hatten. Als ich mich darüber wunderte, daß Juan, einer von ihnen, nicht da war, erzählten sie mir, er sei «wieder zurück zu Heroin und zur Staatsuniversität» gegangen.

Planung, Vergünstigungen und Gesetzgebung können dazu dienen, das Bildungspotential zu erschließen, das in den gewaltigen Investitionen steckt, die unsere Gesellschaft in Fabriken und Ausrüstungsgegenständen getätigt hat. Unbehinderten Zugang zu Bildungsgegenständen wird es nicht geben, solange Betriebe den gesetzlichen Schutz, den die Bill of Rights dem Privateigentum des einzelnen gewährt, mit der wirtschaftlichen Macht verbinden dürfen, die ihnen ihre Millionen Kunden sowie Tausende von Beschäftigten, Aktionären und Lieferanten verschaffen. Ein großer Teil des Know-how der Welt und der größte Teil ihrer Herstellungsverfahren und Ausrüstung liegen weggeschlossen hinter den Mauern der Betriebe – weit entfernt von deren Kunden, Arbeitnehmern und Aktionären wie auch der Allgemeinheit, deren Gesetze und Einrichtungen das Funktionieren der Betriebe ermöglichen. Geld, das heute in kapitalistischen Ländern für Werbung ausgegeben wird, ließe sich für Bildungszwecke bei und durch Firmen wie General Electric, NBC-Fernsehen oder Budweiser Brauerei umdirigieren. Das bedeutet, daß Fabriken und Büros dergestalt umorganisiert werden müßten, daß ihre täglichen Verrichtungen der Öffentlichkeit besser zugänglich werden, damit diese dort etwas lernen kann; es ließen sich wohl sogar Mittel und Wege finden, um den Betrieben für das, was Menschen bei ihnen lernen, etwas zu bezahlen.

Unter dem Mantel der nationalen Sicherheit läßt sich eine noch wertvollere Gruppe von wissenschaftlichen Gegenständen und Daten dem allgemeinen Zugang entziehen – sogar auch dem Zugang qualifizierter Wissenschaftler. Bis vor kurzem war die Wissenschaft das einzige Forum, das wie der Traum eines Anarchisten funktionierte. Jeder, der Forschungsarbeit zu leisten vermochte, hatte mehr oder minder im gleichen Maße Zugang zu ihrem Handwerkszeug und fand Gehör bei seinesgleichen. Jetzt haben Bürokratisierung und Organisation einen großen Teil der Wissenschaft außer Reichweite der Öffentlichkeit gerückt. Was früher ein internationales Netz von wissenschaftlichen Informationen war, ist aufgesplittert worden in einen Kampfplatz konkurrierender Mannschaften. Angehörige und Gerätschaften der Gemeinschaft der Wissenschaftler sind in die Programme von Nationen und Konzernen eingesperrt worden, die auf praktische Leistung ausgerichtet sind – auf die radikale Verarmung der Menschen, die diese Nationen und Konzerne unterstützen.

In einer Welt, die im Eigentum und unter der Kontrolle von Nationen und Konzernen steht, wird es immer nur begrenzten Zugang zu Bildungsgegenständen geben. Erweitern wir aber den Zugang zu solchen Gegenständen, die den Zwecken gemeinsamer Bildung dienen können, so werden wir vielleicht genug Einsichten gewinnen, um imstande zu sein, diese letzten politischen Schranken zu durchbrechen. Staatsschulen übertragen die Kontrolle über die Verwendung von Gegenständen zu Bildungszwekken aus privater Hand in die Hände von hauptberuflichen Lehrern. Die institutionelle Umstellung der Schulen könnte dem einzelnen die Macht geben, das Recht auf ihre Verwendung zu Bildungszwecken zurückzufordern. Würde man die Kontrolle von einzelnen oder Gesellschaften über den erzieherischen Aspekt von «Dingen» zum Verschwinden bringen, so könnte sich eine echte Form von öffentlichem Eigentum herausbilden.

Fertigkeitenbörsen

Im Gegensatz zu einer Guitarre kann ein Guitarrenlehrer weder in einem Museum ausgestellt werden noch in öffentlichem Eigentum stehen oder von einem Bildungswarenhaus vermietet werden. Lehrer von Fertigkeiten gehören in eine andere Kategorie als Gegenstände, die für das Erlernen einer Fertigkeit benötigt werden. Das soll nicht heißen, daß sie in jedem Fall unentbehrlich seien. Ich kann nicht nur eine Guitarre mieten, sondern auch Guitarrenunterricht auf Tonband sowie Notenblätter mit Erläuterungen und kann mir mit diesen Dingen selber das Guitarrespielen beibringen. Diese Lösung kann sogar Vorteile haben: wenn die erhältlichen Tonbänder besser sind als die erhältlichen Lehrer, oder wenn ich nur spät abends Zeit zum Guitarrelernen habe, oder wenn die Melodien, die ich lernen möchte, in meinem Lande unbekannt sind, oder wenn ich schüchtern bin und die Sache lieber für mich allein zurechtfummele.

Die Registrierung von und die Fühlungnahme mit Lehrern von Fertigkeiten muß durch eine andere Anlage erfolgen als bei den Gegenständen. Eine Sache steht auf Verlangen des Benutzers zur Verfügung oder könnte das wenigstens, während ein Mensch erst dann eine Quelle für Fertigkeiten wird, wenn er damit einverstanden ist; er kann außerdem Zeit, Ort und Methode nach Belieben bestimmen.

Lehrer von Fertigkeiten muß man auch unterscheiden von den Partnern, von denen man lernen möchte. Lernpartner müssen von gemeinsamen Interessen und Fähigkeiten ausgehen. Sie treffen sich, um eine Fertigkeit, die sie alle besitzen, zu üben oder zu verbessern: Korbball, Tanzen, Lagerbau oder Diskussionen über die nächsten Wahlen. Die erste Vermittlung einer Fertigkeit erfordert dagegen einen, der die Fertigkeit besitzt, und einen andern, der sie nicht hat und lernen möchte.

Ein «Fertigkeiten-Modell» (skill model) ist jemand, der eine Fertigkeit besitzt und ihre Ausübung vorzuführen bereit ist. Eine Vorführung dieser Art ist für den, der lernen will, häufig unentbehrlich. Die moderne Technik ermöglicht es uns, die Vorführung auf Band, Film oder Tabellen aufzunehmen. Trotzdem möchte man hoffen, daß die persönliche Vorführung weiterhin viel gefragt sein wird, besonders bei Fertigkeiten, die der Kommunikation dienen. Etwa zehntausend Erwachsene haben in unserm Zentrum in Cuernavaca Spanisch gelernt – größtenteils stark motivierte Menschen, die eine zweite Sprache einigermaßen fließend sprechen wollten. Werden sie vor die Wahl gestellt zwischen sorgfältig programmierter Unterweisung in einem Sprachlabor oder Paukstunden mit zwei andern Studenten und einem einheimischen Lehrer, so entscheiden sich die meisten für die zweite Möglichkeit.

Bei den meisten verbreiteten Fertigkeiten ist jemand, der die Fertigkeit vorführt, die einzige menschliche Hilfe, die wir überhaupt benötigen oder bekommen. Ob es sich um Sprechen oder Fahren, Kochen oder den Gebrauch von Kommunikationsmitteln handelt, werden uns förmliche Unterweisung oder förmliches Lernen kaum jemals bewußt, zumal nachdem wir mit dem betreffenden Material die ersten Erfahrungen gemacht haben. Ich sehe keinen Grund, weshalb man kompliziertere Fertigkeiten, etwa die mechanische Seite der Chirurgie, das Geigenspiel, Lesen oder die Benutzung von Handbüchern und Katalogen nicht auf gleiche Weise erlernen könnte.

Ein gut motivierter Schüler, der nicht unter einem besonderen Handikap leidet, braucht oft nicht mehr menschliche Hilfestellung, als jemand geben kann, der auf Wunsch zeigt, wie man das macht, was der Lernende lernen möchte. Das Verlangen, daß geschickte Menschen, ehe sie ihre Fertigkeit vorführen dürfen, als Pädagogen diplomiert sein müssen, rührt daher, daß Menschen entweder lernen sollen, was sie gar nicht wissen wollen, oder daß alle Menschen – auch wenn sie unter einem besondern Handikap leiden – zu einem bestimmten Zeitpunkt ihres Lebens und möglichst unter festgelegten Begleitumständen gewisse Dinge lernen müssen.

Wenn Fertigkeiten heute auf dem Bildungsmarkt knapp sind, so liegt das an dem institutionellen Erfordernis, daß dazu befähigte Leute ihre Fertigkeiten nicht vorführen dürfen, sofern ihnen nicht durch ein Diplom das staatliche Vertrauen ausgesprochen worden ist. Wir verlangen, daß Menschen, die andern bei der Aneignung einer Fertigkeit helfen, außerdem auch Lernschwierigkeiten diagnostizieren können und Menschen dahin zu bringen vermögen, daß sie sich um das Erlernen von Fertigkeiten bemühen. Kurzum, wir verlangen, daß sie Pädagogen sind. Es wird genug Leute geben, die Fertigkeiten vorführen, sobald wir lernen, sie außerhalb der Lehrerschaft zu entdecken.

Wo Fürstenkinder unterwiesen werden, ist es immerhin verständlich, wenn auch nicht mehr gerechtfertigt, wenn Eltern darauf bestehen, daß der Lehrer und der Mann mit Fertigkeiten eine und dieselbe Person seien. Daß aber alle Eltern den Wunsch haben, für ihren Alexander einen Aristoteles zu finden, ist offenbar unsinnig. Ein Mann, der gleichzeitig Schüler inspirieren und ihnen eine Technik beibringen kann, ist so selten und so schwer zu finden, daß selbst Fürstensöhne eher einen Sophisten als einen echten Philosophen kriegen.

Die Nachfrage nach seltenen Fertigkeiten kann auch dann rasch befriedigt werden, wenn es nur wenige Leute gibt, die sie vorführen können; nur müssen solche Leute leicht erreichbar sein. In den vierziger Jahren drangen Leute, die Radiogeräte reparierten, größtenteils aber gar nicht dafür ausgebildet waren, nur zwei Jahre später als die Radiogeräte selber ins Innere Lateinamerikas vor. Sie blieben dort, bis Transistorgeräte, die billig zu kaufen und nicht zu reparieren sind, sie überflüssig machten. Technische Lehranstalten erreichen heute nicht das, was Männer, die ebenso brauchbare, aber haltbarere Radiogeräte reparierten, ganz selbstverständlich konnten.

Verschiedene Eigeninteressen wirken jetzt zusammen, um einen Menschen daran zu hindern, daß er seine Fertigkeit mitteilt. Der Mann, der die Fähigkeit besitzt, zieht Nutzen aus ihrer Knappheit, nicht aus ihrer Weitergabe. Der Lehrer, der sich auf die Vermittlung einer Fertigkeit spezialisiert hat, zieht Nutzen daraus, daß der Handwerker nicht bereit ist, seinen Lehrling dafür freizustellen. Dem Publikum trichtert man den Glauben ein, daß Fertigkeiten wertvoll und zuverlässig nur dann seien, wenn sie auf einer richtigen Schule erlernt wurden. Der Arbeitsmarkt lebt davon, daß Fertigkeiten knapp gemacht und knapp gehalten werden, indem man ihre nicht autorisierte Verwendung und Weitergabe verbietet, oder indem Dinge hergestellt werden, die nur von denen bedient und repariert werden können, die Zugang zu Werkzeugen oder Informationen haben, welche wiederum knapp gehalten werden.

So produzieren Schulen Mangel an Menschen mit Fertigkeiten. Ein gutes Beispiel ist die schwindende Zahl von Krankenschwestern in den Vereinigten Staaten, was auf dem raschen Überhandnehmen der vierjährigen Ausbildung in Krankenpflege beruht. Mädchen aus ärmeren Familien, die sich früher für einen zwei- oder dreijährigen Lehrgang gemeldet hätten, bleiben jetzt dem Pflegeberuf fern.

Eine weitere Möglichkeit, Fertigkeiten knapp zu halten, besteht darin, daß man die Lehrerlaubnis von Diplomen abhängig macht. Würde man Krankenschwestern dazu anhalten, andere Schwestern auszubilden, und würde die Anstellung von Krankenschwestern davon abhängen, daß sie nachweislich Spritzen geben, Krankenbögen und Medikamente verabfolgen können, so gäbe es keinen Mangel an ausgebildeten Schwestern mehr.

Das Ausstellen von Diplomen ist heute dazu angetan, das Grundrecht auf Mitteilung des eigenen Wissens in das Privileg akademischer Freiheit zu verkehren, das nur den in einer Schule Beschäftigten verliehen wird. Um den freien Zugang zu einer leistungsfähigen Fertigkeitenbörse zu garantieren, brauchen wir ein Gesetz, das die akademische Freiheit verallgemeinert. Das Recht, irgendeine Fertigkeit zu lehren, sollte den Schutz der Redefreiheit genießen. Werden erst einmal die Beschränkungen des Lehrens beseitigt, so werden die Beschränkungen des Lernens ebenfalls bald fallen.

Wer Fertigkeiten lehrt, braucht einen Anreiz, um seine Dienste einem Schüler zur Verfügung zu stellen. Es gibt mindestens zwei einfache Wege, auf denen man zunächst einmal öffentliche Mittel nicht diplomierten Lehrern zukommen lassen kann. Einmal könnte man die Fertigkeiten-Börse zur Institution erheben, indem man freie Fertigkeiten-Zentren schafft, zu denen jedermann Zugang hat. In Industriegebieten sollten und könnten solche Zentren mindestens für diejenigen Fertigkeiten eingerichtet werden, die notwendige Voraussetzungen für bestimmte Arten der Lehrlingsausbildung sind: also Lesen, Maschineschreiben, Buchführung, Fremdsprachen, Programmieren und Auswertung von Computern, das Ablesen von elektrischen Schaltsystemen, die Bedienung gewisser Apparate usw. Ein anderer Weg bestände darin, daß man gewissen Bevölkerungsgruppen Bildungsgutscheine gibt, die ihnen den Besuch von Fertigkeiten-Zentren ermöglichen, für die andere Benutzer Gebühren zahlen müssen.

Viel radikaler wäre die Gründung einer «Bank» für den Austausch von Fertigkeiten. Jeder Bürger erhielte einen Grundkredit, um damit wesentliche Fertigkeiten zu erwerben. Darüber hinaus würden diejenigen weitere Kredite erhalten, die sie sich durch Unterweisung verdienen, ob sie nun als Vorbilder in organisierten Fertigkeiten-Zentren dienen oder das zu Hause oder auf dem Spielplatz tun. Nur wer andere eine angemessene Zeit unterrichtet hat, könnte die Zeit weiter fortgeschrittener Lehrer in Anspruch nehmen. So würde eine völlig neue Elite zustandekommen: die Elite derer, die sich ihre Bildung verdient haben, indem sie andere daran teilhaben ließen.

Sollten Eltern das Recht haben, Fertigkeiten-Kredite für ihre Kinder zu verdienen? Da eine solche Regelung den privilegierten Klassen weitere Vorteile verschaffen würde, könnten diese durch größere Kredite für die Unterprivilegierten ausgeglichen werden. Der Betrieb einer Fertigkeiten-Börse würde davon abhängen, daß es Stellen gibt, welche den Nachweis von Informationen vermitteln und für jedermann ohne Mühe und Kosten zugänglich sind. Solche Stellen könnten auch als Hilfsorgane für Prüfungen und Diplome tätig sein und dazu beitragen, die Gesetzgebung zu fördern, die monopolistische Praktiken aufbrechen und verhindern soll.

Die Freiheit eines allgemeinen Fertigkeiten-Austauschs muß vor allem durch Gesetze sichergestellt werden, die unterschiedliche Behandlung nur aufgrund von erprobten Fertigkeiten, nicht aber aufgrund eines pädagogischen Stammbaums zulassen. Eine solche Garantie erfordert unweigerlich eine öffentliche Kontrolle der Prüfungen, die dazu dienen sollen, Menschen für den Arbeitsmarkt zu qualifizieren. Sonst könnte man insgeheim wieder komplizierte Batterien von Prüfungen am Arbeitsplatz selbst einführen, die der Auswahl gesellschaftlicher Rollen dienen sollen. Es könnte viel geschehen, um diese Erprobung von Fertigkeiten objektiv zu gestalten, indem man z. B. nur die Bedienung von bestimmten Apparaten und Systemen zur Prüfung zuläßt. Prüfungen im Maschineschreiben (nach Geschwindigkeit, Fehlerzahl und danach, ob der Prüfling nach Diktat schreiben kann), Beherrschung einer Buchführungsmethode, Bedienung eines hydraulischen Krans, Autofahren und Programmieren usw. lassen sich ohne weiteres objektiv gestalten.

So kann man überhaupt viele echte Fertigkeiten, die praktische Bedeutung haben, testen. Für die Personalabteilung ist die Erprobung des Standes einer Fertigkeit hier und heute viel wichtiger als die Mitteilung, daß jemand vor zwanzig Jahren seinen Lehrer im Unterricht zufriedengestellt hat, wobei Schreibmaschine, Stenographie und Buchhaltung gelehrt wurden. Natürlich kann man amtliche Prüfungen in Fertigkeiten überhaupt in Frage stellen. Ich glaube allerdings, daß die Freiheit eines Menschen, dessen Ruf durch Etikettierung nicht übermäßig geschmälert werden soll, besser durch die Einschränkung als durch ein Verbot von Leistungsprüfungen geschützt wird.

Partnervermittlung

Im schlimmsten Falle stecken Schulen eine Klassengemeinschaft in dasselbe Zimmer und verabfolgen ihr die gleiche Behandlung in Mathematik, Staatsbürgerkunde und Rechtschreibung. Im besten Falle erlauben sie jedem Schüler, aus einer beschränkten Zahl von Fächern eines auszuwählen. In jedem Falle bilden sich Gruppen von Lernpartnern um Ziele, die von Lehrern gesteckt worden sind. In einem erstrebenswerten Bildungssystem würde es jedermann freistehen, sich für die ihn interessierende Tätigkeit einen Partner zu suchen.

Die Schule bietet Kindern gewiß die Möglichkeit, ihrem Zuhause zu entkommen und neue Freunde zu treffen. Zugleich wird den Kindern dabei aber die Vorstellung eingetrichtert, sie sollten sich ihre Freunde unter denen suchen, mit denen man sie zusammenbringt. Würde man die jungen

Menschen vom frühesten Alter an dazu anregen, andere zu treffen, zu beurteilen und auszuwählen, so würde damit für ihr ganzes Leben ihr Interesse daran geweckt, sich für neue Bemühungen neue Partner zu suchen.

Ein guter Schachspieler ist immer froh, einen ebenbürtigen Partner zu finden, wie ein Anfänger gern einen andern findet. Dafür sind Clubs da. Leute, die besondere Bücher oder Aufsätze diskutieren möchten, würden vermutlich etwas bezahlen, um Gesprächspartner zu finden. Wer Spiele spielen, Ausflüge machen, ein Aquarium bauen oder sein Fahrrad motorisieren möchte, wird weite Strecken gehen, um Partner zu finden. Der Lohn ihrer Bemühungen liegt darin, daß sie Partner finden. Gute Schulen versuchen, das gemeinsame Interesse ihrer am gleichen Kursus teilnehmenden Schüler ans Licht zu fördern. Das Gegenteil einer Schule wäre eine Einrichtung, die vermehrte Aussicht dafür bietet, daß Menschen, die zu einem bestimmten Zeitpunkt den gleichen Interessen nachgehen, zusammenkommen, was immer sie im übrigen gemeinsam haben mögen.

Das Lehren von Fertigkeiten verschafft nicht beiden Seiten die gleichen Vorteile, wie es bei der Zusammenführung von Partnern der Fall ist. Lehrern von Fertigkeiten muß man, wie ich betont habe, über den Lohn der Unterweisung hinaus einen Anreiz bieten. Das Lehren von Fertigkeiten besteht darin, daß man Übungen immer und immer wiederholt, was zumal für diejenigen Schüler langweilig ist, die diese Übungen am nötigsten haben. Eine Fertigkeiten-Börse benötigt für ihren Betrieb eine Währung oder Kredite oder andere handfeste Anreize, selbst wenn sich die Börse ihre eigene Währung schaffen müßte. Eine Partnervermittlung bedarf solcher Anreize nicht, wohl aber eines Kommunikationsnetzes.

Tonbänder, programmierter Unterricht und die Wiedergabe von Formen und Tönen können bei vielen Fertigkeiten die Notwendigkeit, auf Menschen als Lehrer zurückzugreifen, verringern; sie vermehren außerdem die Leistungsfähigkeit von Lehrern und die Zahl der Fertigkeiten, die man sich im Laufe des Lebens aneignen kann. Parallel dazu wächst das Bedürfnis, Menschen zu treffen, welche die neuerworbene Fertigkeit genießen möchten. Eine Studentin, die vor den Ferien Griechisch gelernt hat, möchte nach ihrer Rückkehr auf griechisch über kretische Politik diskutieren. Ein Mexikaner in New York möchte andere Leser der Zeitung *Siempre* oder auch von *Los Agachados* treffen, dem beliebtesten Buch mit Comics. Ein anderer möchte Partner finden, die genau wie er mehr über die Arbeiten von James Baldwin oder über Bolívar erfahren möchten.

Der Betrieb einer Anlage für Partnervermittlung wäre einfach. Der Benutzer würde Namen und Adresse angeben und die Tätigkeit beschreiben, für die er einen Partner sucht. Ein Computer würde ihm dann die Namen und Adressen aller derer liefern, die sich für dasselbe Gebiet angemeldet haben. Es ist erstaunlich, daß man sich für eine beliebte Tätigkeit noch niemals einer so einfachen Einrichtung bedient hat.

In ihrer primitivsten Form kann die Verbindung zwischen Kunde und Computer brieflich hergestellt werden. In Großstädten könnten Fernschreiberstationen für sofortige Antwort sorgen. Die einzige Methode, um vom Computer einen Namen mit Adresse zu erhalten, bestände darin, daß man die Tätigkeit angibt, für die ein Partner gesucht wird. Wer die Anlage benutzt, würde nur seinem potentiellen Partner bekannt werden.

Als Ergänzung des Computers könnte ein Netz von Anschlagbrettern und kleinen Zeitungsanzeigen dienen, wo die Tätigkeiten aufgenommen werden, für die der Computer keine Partner besorgen kann. Namen brauchten dort nicht genannt zu werden. Interessierte Leser würden dann ihre Namen in das System eingeben. Eine staatlich geförderte Partnervermittlungs-Anlage wäre vielleicht das einzige Mittel, um das Recht auf Versammlungsfreiheit zu garantieren und Menschen in der Ausübung dieser fundamentalsten staatsbürgerlichen Betätigung auszubilden.

Das Recht auf Versammlungsfreiheit ist politisch anerkannt und wird kulturell gebilligt. Wir müssen jetzt begreifen, daß dieses Recht durch Gesetze beschnitten wird, die gewisse Versammlungsformen zur Pflicht machen. Das gilt besonders für Institutionen, die Menschen nach Alter, Klasse oder Geschlecht zwangsmäßig einziehen und viel Zeit verschlingen. Die Armee ist dafür ein Beispiel, die Schule ein noch viel empörenderes.

Entschulen heißt, die Macht beseitigen, die ein Mensch besitzt, um einen andern zur Teilnahme an einer Versammlung zu zwingen. Es heißt aber auch anerkennen, daß jeder Mensch, ohne Rücksicht auf Alter und Geschlecht, das Recht hat, eine Versammlung einzuberufen. Dieses Recht ist durch die Institutionalisierung von Versammlungen drastisch beschnitten worden. «Zusammenkunft» bezog sich ursprünglich auf das Ergebnis des Versammelns. Jetzt bezeichnet es das institutionelle Produkt irgendeiner Dienststelle.

Die Fähigkeit von Dienstleistungsinstitutionen, Kunden zu gewinnen, ist heute viel größer als die Fähigkeit einzelner, sich Gehör zu verschaffen, unabhängig von institutionellen Medien, die auf einzelne nur eingehen, wenn es sich um verkäufliche Neuigkeiten handelt. Anlagen für Partnervermittlung sollten einzelnen zur Verfügung stehen, wenn sie die Menschen so einfach zusammenrufen möchten, wie die Turmglocke die Dorfbewohner zur Versammlung ruft. Diesem Zweck könnten oft Schulgebäude dienen, deren Verwendung für andere Zwecke von zweifelhaftem Wert ist.

Das Schulwesen könnte überhaupt bald vor einem Problem stehen, das die Kirchen schon vorher kennengelernt haben: Was soll man mit überflüssigem Raum tun, der durch den Abfall der Gläubigen entleert worden ist? Schulen sind so schlecht zu verkaufen wie Kirchen. Um ihnen eine weitere Verwendung zu sichern, könnte man den Raum den Menschen aus der Nachbarschaft überlassen. Jeder könnte erklären, was er wann im Klassenzimmer tun möchte; ein schwarzes Brett würde dann die vorhandenen Programme den Interessenten zur Kenntnis bringen. Der Zugang zur «Klasse» wäre frei – oder gegen Bildungsgutscheine erhältlich. Den «Lehrer» könnte man sogar nach der Zahl der Schüler bezahlen, die er jeweils für eine Doppelstunde gewinnen kann. Ich könnte mir denken, daß in einem solchen System sehr junge Anführer und große Erzieher die am häufigsten auftretenden Typen sein würden. Die gleiche Methode könnte man für die höhere Bildung anwenden. Studenten würden Bildungsgutscheine erhalten, die sie dazu berechtigen, einen Lehrer ihrer Wahl zehn Stunden im Jahr persönlich zu konsultieren; im übrigen wären sie für ihr Lernen auf Bibliotheken, Partnervermittlung und praktische Lehrzeiten angewiesen.

Natürlich müssen wir mit der Wahrscheinlichkeit rechnen, daß solche Vermittlungsanlagen für ausbeuterische und unmoralische Zwecke mißbraucht würden, wie ähnlich Telefon und Post mißbraucht worden sind. Genau wie dort müßte es einen Schutz dagegen geben. Ich habe schon einmal ein Vermittlungsverfahren vorgeschlagen, bei dem nur einschlägige gedruckte Mitteilungen sowie Name und Adresse des Nachsuchenden verwendet werden dürften. Ein solches System wäre nahezu narrensicher. Man könnte auch gestatten, daß aus einem besondern Katalog irgendein Buch, Film, Fernsehprogramm oder sonst etwas angeführt wird. Die Sorge um die Gefahren des Systems sollte uns nicht seine großen Vorzüge übersehen lassen.

Manche Leute, die meine Sorge um die Rede- und Versammlungsfreiheit teilen, werden einwenden, die Partnervermittlung sei ein künstliches Mittel, um Menschen zusammenzubringen, und werde von den Armen nicht benutzt werden – die es doch am meisten nötig hätten. Manche Leute regen sich richtig auf, wenn man die Einführung von ad hoc-Begegnungen anregt, die nicht im Leben des örtlichen Gemeinwesens verwurzelt sind. Andere widersprechen, wenn man vorschlägt, ein Computer solle benutzt werden, um interessierte Personen auszuwählen und zusammenzuführen. Sie sagen, auf so unpersönliche Weise könne man Menschen nicht zusammenführen. Gemeinsame Nachforschungen müßten in einer Geschichte vielfältiger gemeinsamer Erfahrungen verwurzelt sein und müßten aus dieser Erfahrung hervorgehen – beispielsweise die Entwicklung von Nachbarschaftsinstitutionen.

Ich habe Verständnis für diese Einwände, doch glaube ich, daß sie mein und ihr eigenes Ziel verfehlen. Zunächst könnte die Rückkehr zum nachbarschaftlichen Leben als eigentlichem Zentrum schöpferischen Ausdrucks sogar verhindern, daß Nachbarschaften wieder zu politischen Einheiten werden. Wer diese Forderung erhebt, könnte dadurch einen wichtigen befreienden Aspekt des städtischen Lebens übersehen: nämlich die Fähigkeit eines Menschen, gleichzeitig an mehreren Partnergruppen teilzunehmen. Ferner können Menschen, die niemals miteinander in einer Gemeinschaft gelebt haben, manchmal dadurch Gewicht erlangen, daß sie viel mehr Erfahrungen mitzuteilen haben als andere, die einander von Kindheit an gekannt haben. Die großen Religionen haben immer gewußt, wie wichtig es ist, daß sich Menschen über große Entfernungen hinweg begegnen, und die Gläubigen sind dadurch immer zur Freiheit gelangt; Pilgerfahrten, Mönchstum und die wechselseitige Unterstützung von Gotteshäusern und Heiligtümern sind Ausdruck dieses Bewußtseins. Partnervermittlung könnte maßgeblich dazu beitragen, die vielen potentiellen, aber unterdrückten Gemeinschaften innerhalb der Stadt deutlich zu machen.

Örtliche Gemeinschaften sind wertvoll. Zugleich sind sie eine dahinschwindende Wirklichkeit, weil die Menschen immer häufiger zulassen, daß Dienstleistungseinrichtungen den Bereich ihrer gesellschaftlichen Beziehungen bestimmen. Man hat festgestellt, daß der innerstädtische Imperialismus die Nachbarschaft ihrer politischen Bedeutung beraubt. Der protektionistische Versuch, die Nachbarschaft als kulturelle Einheit wiederherzustellen, unterstützt nur diesen bürokratischen Imperialismus. Weit davon entfernt, die Menschen aus ihren örtlichen Bindungen zu lösen, um sie abstrakten Gruppenbildungen zuzuführen, dürfte die Partnervermittlung die Wiederherstellung lokalen Lebens in Städten ermutigen, aus denen es jetzt verschwindet. Ein Mann, der die Initiative zurückgewinnt, seine Kameraden in ein sinnvolles Gespräch zu verwickeln, wird sich vielleicht nicht mehr damit abfinden, daß er durch Büroprotokoll oder Vorstadtetikette von ihnen getrennt wird. Haben die Menschen erst einmal erlebt, daß gemeinsames Handeln nur von dem Entschluß dazu abhängt, so werden sie vielleicht sogar darauf bestehen, daß ihre örtlichen Gemeinwesen sich dem fruchtbaren Austausch politischer Ideen öffnen.

Wir müssen einsehen, daß das Leben in der Großstadt ungeheuer aufwendig wird, wenn man den Stadtbewohnern beibringen muß, daß sie für jedes ihrer Bedürfnisse auf komplizierte institutionelle Dienstleistungen angewiesen sind. Es ist überaus kostspielig, die Stadt selbst nur minimal lebensfähig zu erhalten. Partnervermittlung in der Großstadt könnte ein erster Schritt sein, um die Abhängigkeit der Bürger von bürokratischen städtischen Dienstleistungen zu überwinden.

Es wäre ferner ein wesentlicher Schritt, um neue Mittel zur Herstellung öffentlichen Vertrauens zu schaffen. In einer verschulten Gesellschaft verlassen wir uns mehr und mehr auf das berufliche Urteil von Erziehern über die Wirkung ihrer eigenen Arbeit, um dann zu entscheiden, wem wir trauen können und wem nicht. Wir suchen den Arzt, Rechtsanwalt oder Psychologen auf, weil wir uns darauf verlassen, daß jemand, der von andern Kollegen mit der nötigen Menge spezialisierter Bildung behandelt worden ist, unser Vertrauen verdient.

In einer entschulten Gesellschaft könnten Fachleute das Vertrauen ihrer Klienten nicht mehr aufgrund ihres Unterrichtsstammbaums beanspruchen oder ihr Ansehen dadurch sicherstellen, daß sie ihre Klienten an andere Fachleute verweisen, die mit ihrer Schulbildung zufrieden sind. Anstatt den Fachleuten zu vertrauen, sollte es jedem potentiellen Klienten jederzeit möglich sein, andere erfahrene Klienten eines Fachmannes zu befragen, ob sie mit diesem zufrieden sind. Das könnte wiederum durch Partnervermittlung geschehen, die sich durch Computer oder andere Methoden unschwer einrichten läßt. Solche Anlagen könnte man als öffentliche Versorgungsbetriebe ansehen, die es Schülern gestatten, sich ihre Lehrer auszusuchen, und Patienten, sich ihre Heilkundigen zu wählen.

Berufsmäßige Erzieher

Wenn Bürger neue Entscheidungsmöglichkeiten und neue Lernchancen erhalten, sollte ihre Bereitschaft, Führung zu suchen, zunehmen. Wir dürfen erwarten, daß sie dann sowohl ihre Unabhängigkeit als auch die Notwendigkeit der Anleitung stärker empfinden. Befreit man sie von der Manipulation durch andere, so sollten sie lernen, aus der Disziplin Nutzen zu ziehen, die andere im Laufe eines Lebens erworben haben. Die Entschulung der Bildung sollte die Suche nach Männern mit praktischem Wissen eher verstärken als ersticken – nach Männern, die bereit sind, den Neuling bei seinem Bildungsabenteuer zu stützen. Erst wenn Meister einer Kunst auf den Anspruch verzichten, überlegene Informanten oder Vorbilder von Fertigkeiten zu sein, wird ihr überlegenes Wissen einen echten Klang erhalten.

Mit wachsender Nachfrage nach Lehrern sollte auch deren Angebot zunehmen. Wenn der Schullehrer verschwindet, werden Verhältnisse eintreten, die den Beruf des selbständigen Erziehers hervorbringen. Das klingt wie ein innerer Widerspruch, weil Schulen und Lehrer so eng miteinander verwachsen sind. Gerade zu diesem Ergebnis würde aber die Entwicklung der drei erstgenannten Bildungsanlagen führen, und ebendies wäre erforderlich, um deren volle Ausnutzung zu ermöglichen; denn Eltern und andere «natürliche Erzieher» brauchen Anleitung, die einzelnen Lernenden benötigen Hilfe, und die Anlagen brauchen Menschen, die sie bedienen.

Eltern brauchen Anleitung, um ihre Kinder auf den Weg zu bringen, der zu selbständiger Bildungsverantwortung führt. Lernende brauchen erfahrene Führung, wenn sie auf rauhes Gelände kommen. Das sind zwei völlig verschiedene Bedürfnisse: das eine verlangt Pädagogik, das andere intellektuelle Führung auf allen andern Wissensgebieten. Das eine verlangt die Kenntnis des menschlichen Lernens und der Bildungsmöglichkeiten, das andere erfordert ein Wissen, das sich auf Erfahrung bei Forschungen jeglicher Art gründet. Will man sich wirksam um Bildung bemühen, so sind beide Arten von Erfahrung unentbehrlich. Die Schulen verpacken diese Funktionen in eine Rolle – was dazu führt, daß die selbständige Ausübung jeder von ihnen mindestens verdächtig, wenn nicht gar anstößig wird.

Man sollte zwischen drei verschiedenen pädagogischen Fähigkeiten unterscheiden. Die eine besteht darin, die hier geschilderten Bildungsbörsen oder -anlagen zu schaffen und zu bedienen. Eine weitere umfaßt die Anleitung von Schülern und Eltern bei der Benutzung dieser Anlagen. Die dritte besteht in der Rolle des *primus inter pares*, wenn es darum geht, schwierige intellektuelle Erkundungsreisen zu unternehmen. Nur die beiden ersten kann man sich als Zweige eines selbständigen Berufes vorstellen: Bildungsverwalter und pädagogische Ratgeber. Die von mir geschilderten Anlagen zu entwerfen und zu bedienen, würde nicht viele Menschen erfordern; wohl aber erfordert es Menschen, die ein tiefes Verständnis für Bildung und Verwaltung besitzen, allerdings in einer Richtung, die gänzlich anders als die der Schulen und dieser sogar entgegengesetzt ist.

Ein unabhängiger pädagogischer Beruf dieser Art würde zwar viele Leute aufnehmen, welche die Schulen ablehnen; er würde aber auch viele ablehnen, welche die Schulen gutheißen. Die Einrichtung und Bedienung von Bildungsanlagen würde zwar einige Planer und Verwalter erfordern, aber nicht so viele und auch nicht den gleichen Typ, wie sie die Schule benötigt. In den von mir beschriebenen Anlagen wäre kein Raum für Schulzucht, Öffentlichkeitsarbeit und das Anstellen, Beaufsichtigen und Entlassen von Lehrern; auch nicht für die Erstellung von Lehrplänen, für den Ankauf von Lehrbüchern, den Unterhalt von Grundstücken und Gerätschaften oder die Beaufsichtigung von sportlichen Wettkämpfen zwischen einzelnen Schulen. Auch Kinderhüten, Unterrichtsvorbereitung und Zeugnisführung, die heute die Lehrer zeitlich so stark beanspruchen, würden bei der Bedienung von Bildungsanlagen keine Rolle spielen. Statt dessen würde die Bedienung von Lernanlagen einige der Fertigkeiten und Methoden erfordern, die man heute vom Personal eines Museums, einer Bibliothek, einer Arbeitsvermittlung oder einer Hoteldirektion erwartet.

Heute beschäftigt sich die Bildungsverwaltung damit, Lehrer und Schüler zur Zufriedenheit anderer zu beaufsichtigen: Kuratoren, gesetzgebende Körperschaften und Vorstände von Gesellschaften. Wer Anlagen einrichtet und verwaltet, müßte die Begabung besitzen, den Menschen nicht im Wege zu stehen und auch andere daran zu hindern; sie müßten imstande sein, Begegnungen unter Lernenden, Lehrern von Fertigkeiten, Erziehungsberatern und Bildungsgegenständen zu erleichtern. Viele Menschen, die sich heute zum Lehrberuf hingezogen fühlen, sind von Grund aus autoritär und wären außerstande, diese Aufgabe zu übernehmen. Bildungsbörsen einzurichten, würde bedeuten, daß man es den Menschen, zumal der Jugend, erleichtert, Ziele zu verfolgen, die den Idealen des Verkehrsdirektors widersprechen könnten, der die Verfolgung möglich macht.

Kämen die von mir geschilderten Anlagen zustande, so würde jeder Schüler seinen eigenen Bildungsweg gehen, der erst im Rückblick ein Programm erkennen lassen würde. Ein kluger Schüler würde von Zeit zu Zeit fachmännischen Rat einholen: Hilfe bei der Festsetzung eines neuen Lernziels, Erläuterung von aufgetretenen Schwierigkeiten, die Entscheidung zwischen verschiedenen Methoden. Auch heute würden die meisten Menschen zugeben, daß das Wichtige, was ihre Lehrer für sie getan haben, solche Fingerzeige oder Ratschläge bei zufälligen Begegnungen oder in einer Privatstunde gewesen sind. In einer unverschulten Welt würden auch die Pädagogen zu ihrem Recht kommen und wirklich tun können, was frustrierte Lehrer heute zu betreiben vorgeben.

Während die Verwalter von Anlagen sich vor allem darauf konzentrieren würden, Straßen zu bauen und zu unterhalten, die zu den Bildungsmöglichkeiten hinführen, würde der Pädagoge dem Schüler bei der Suche nach dem Weg helfen, der ihn am schnellsten an sein Ziel bringt. Möchte ein Student von einem chinesischen Nachbarn Kantonchinesisch lernen, so würde der Pädagoge dazu da sein, den Stand ihrer Kenntnisse zu beurteilen und ihnen bei der Auswahl des Lehrbuches und der Methoden behilflich zu sein, die ihrer Begabung, ihrem Charakter und der ihnen zur Verfügung stehenden Zeit am angemessensten sind. Er könnte einem angehenden Flugzeugmechaniker bei der Suche nach der besten Lehrstelle behilflich sein. Jemandem, der anregende Partner für Gespräche über die Geschichte Afrikas sucht, könnte er Bücher empfehlen. Ebenso wie der Verwalter der Anlage würde der pädagogische Berater sich selbst als hauptberuflichen Erzieher verstehen. Zutritt zu beiden sollten die einzelnen Lernenden durch Bildungsgutscheine erhalten.

Die Rolle des Bildungsinitiators oder Führers, des Meisters oder «echten» Führers, ist schwieriger zu definieren als die des berufsmäßigen Verwalters oder Pädagogen. Das liegt daran, daß Führung überhaupt schwer zu definieren ist. In der Praxis ist jemand ein Führer, wenn andere seiner Initiative folgen und aus seinen fortschreitenden Entdeckungen lernen. Dazu gehört häufig die prophetische Schau völlig neuer Maßstäbe, wobei sich das, was heute «falsch» ist, als «richtig» erweisen wird. In einer Gesellschaft, die das Recht gelten läßt, Versammlungen durch Partnervermittlung einzuberufen, wäre die Möglichkeit, zu einem bestimmten Thema eine pädagogische Initiative zu ergreifen, ebenso groß wie der Zugang zum Lernen überhaupt. Aber natürlich besteht ein gewaltiger Unterschied zwischen der Initiative, mittels derer jemand eine Zusammenkunft einberuft, die diesen Aufsatz erörtern soll, und der Fähigkeit eines andern, bei der systematischen Erforschung dessen, was dieser Aufsatz bedeutet, die Führung zu übernehmen.

Führerschaft hängt auch nicht davon ab, daß einer recht hat. Thomas Kuhn hat dargelegt, daß in einer Zeit ständig wechselnder Leitbilder die meisten hervorragenden Führer notwendigerweise im nachhinein widerlegt werden. Intellektuelle Führerschaft beruht jedoch auf überlegener geistiger Disziplin und Phantasie und auf der Bereitschaft, sich an den Lernübungen anderer zu beteiligen. So könnte ein Lernender auf den Gedanken kommen, es bestehe eine Parallele zwischen der nordamerikanischen Bewegung gegen die Sklaverei oder der kubanischen Revolution und dem, was in Harlem geschieht. Der Erzieher, der selbst Historiker ist, kann jenem zeigen, inwieweit solche Parallelen nicht stimmen. Vielleicht geht er dabei seinen eigenen Weg als Historiker zurück. Er kann den Lernenden auch einladen, an seinen Forschungen teilzunehmen. In beiden Fällen unterweist er seinen Schüler in einer kritischen Methode, was in der Schule selten geschieht und was weder für Geld noch für andere Vorteile zu haben ist.

Das Verhältnis zwischen Meister und Schüler beschränkt sich nicht auf das Geistige. Entsprechendes gibt es in den Künsten, in der Physik, der Religion, der Psychoanalyse und Pädagogik. Es eignet sich auch zum Bergsteigen, zur Arbeit des Silberschmieds und zur Politik, zum Schreinern und zur Personalverwaltung. Was jedes echte Meister-Schüler-Verhältnis auszeichnet, ist das Bewußtsein beider, daß ihr Verhältnis buchstäblich unbezahlbar ist und auf ganz verschiedene Weise für beide eine Auszeichnung bedeutet. Scharlatane, Demagogen, Proselytenmacher, korrupte Meister und simonische Priester, Gauner, Gaukler und Messiasse haben Führerrollen zu spielen vermocht und dadurch bewiesen, wie gefährlich es sein kann, wenn Schüler von ihrem Meister abhängig sind. Verschiedene Gesellschaften haben unterschiedliche Maßnahmen ergriffen, um sich gegen solche falschen Lehrer zu schützen. Die Inder haben sich auf das Kastenwesen verlassen, die Ostjuden auf die geistige Ahnenreihe der Rabbiner, Hochzeiten des Christentums auf das beispielhafte

Leben tugendhafter Mönche, andere Epochen auf hierarchische Ordnungen. Unsere Gesellschaft verläßt sich auf Schulzeugnisse. Es ist zweifelhaft, ob diese Methode zu einer besseren Auslese führt; sollte das jedoch behauptet werden, so kann dagegen behauptet werden, daß der Preis dafür das fast vollständige Verschwinden der Meister-Schüler-Beziehung ist.

In der Praxis wird die Abgrenzung zwischen Lehrern von Fertigkeiten und den eben geschilderten pädagogischen Führern nie genau festzulegen sein. Es gibt auch praktisch keinen Grund, weshalb man nicht manchmal dadurch zu einem Führer gelangen sollte, daß man den «Meister» in dem Pauker erkennt, der den Schüler in sein Fach einweist. Kennzeichnend für das echte Meister-Schüler-Verhältnis ist andererseits seine Unbezahlbarkeit. Aristoteles nennt es eine «sittliche Art von Freundschaft, die nicht auf festen Bedingungen beruht; sie macht ein Geschenk oder tut, was immer sie tut, wie gegenüber einem Freunde.» Thomas von Aquin sagt von dieser Art des Lehrens, es sei notwendigerweise ein Akt der Liebe und Barmherzigkeit. Solches Lehren ist stets ein Luxus für den Lehrer und für ihn und den Schüler eine Form von Muße (griechisch: scholé): eine Tätigkeit, die für beide sinnvoll ist und darüber hinaus keinen Zweck verfolgt.

Sich für echte intellektuelle Führerschaft auf den Wunsch begabter Leute zu stützen, die solche Führerschaft stellen wollen, ist offenbar selbst in unserer Gesellschaft nötig, doch läßt sich das heute noch nicht zur Methode erheben. Zuerst müssen wir eine Gesellschaft errichten, in der das persönliche Tun einen höheren Wert erlangt, als ihn das Machen von Dingen und das Manipulieren von Menschen besitzen. In einer solchen Gesellschaft würde forschendes, erfinderisches, schöpferisches Lehren logischerweise zu den erstrebenswertesten Formen mußevoller «Arbeitslosigkeit» zählen. Wir brauchen aber nicht zu warten, bis Utopia sich einstellt. Schon heute wäre eine der wichtigsten Folgen der Entschulung und der Einführung von Anlagen für Partnervermittlung die Initiative, die «Meister» ergreifen könnten, um geistesverwandte Schüler um sich zu versammeln. Es würde auch, wie wir gesehen haben, potentiellen Schülern reichlich Gelegenheit geben, Informationen auszutauschen oder sich einen Meister auszusuchen.

Schulen sind nicht die einzigen Institutionen, die verschiedene Rollen in einen Topf werfen. Krankenhäuser machen die Hauspflege in zunehmendem Maße unmöglich und rechtfertigen dann die Einweisung ins Krankenhaus als einen Vorteil für den Kranken. Gleichzeitig hängen Legitimität und Arbeitsmöglichkeiten eines Arztes immer mehr davon ab, daß er mit einem Krankenhaus zusammenarbeitet, obgleich er davon noch nicht so total abhängig ist wie Lehrer von der Schule. Dasselbe ließe sich von den Gerichten sagen, die mit Arbeit überlastet werden, weil immer neue Geschäfte nach der Weihe des Gesetzes verlangen und dadurch die

Rechtspflege verzögern. Oder man könnte es von den Kirchen sagen, die aus einer freien Berufung einen unfreien Beruf machen. In allen Fällen sind das Ergebnis ein geringerer Dienst zu höheren Kosten und größere Einkommen für die weniger befähigten Angehörigen des Berufes.

Solange die älteren Berufe die höheren Einkommen und das größere Ansehen monopolisieren, ist es schwierig, sie zu reformieren. Den Beruf des Schullehrers zu reformieren, sollte nicht nur deshalb leichter sein, weil er jüngeren Datums ist. Der pädagogische Beruf beansprucht heute ein umfassendes Monopol: er verlangt die ausschließliche Zuständigkeit für die Ausbildung nicht nur seiner eigenen Anfänger, sondern auch der Anfänger in andern Berufen. Diese Aufblähung macht ihn verletzlich durch jeden Beruf, der das Recht zurückfordert, seine eigenen Lehrlinge auszubilden. Schullehrer werden ungemein schlecht bezahlt und durch die scharfe Kontrolle des Schulsystems frustriert. Die Unternehmungslustigsten und Begabtesten unter ihnen würden wahrscheinlich eine ihnen mehr zusagende Arbeit, mehr Unabhängigkeit und sogar höhere Einkünfte erlangen, wenn sie Spezialisten für das Lehren von Fertigkeiten, Anlagenverwaltung oder pädagogische Beratung würden.

Schließlich ist die Abhängigkeit des eingeschriebenen Schülers vom diplomierten Lehrer leichter zu beseitigen als seine Abhängigkeit von den Angehörigen anderer Berufe, z. B. die des Krankenhauspatienten von seinem Arzt. Gäbe es keinen Schulzwang mehr, so blieben den Lehrern, die in der Ausübung pädagogischer Autorität im Klassenzimmer Befriedigung finden, nur noch diejenigen Schüler, die sich von diesem Stil angezogen fühlen. Die Abschaffung unserer heutigen berufsständischen Struktur könnte mit dem Wegfall des Schullehrers ihren Anfang nehmen.

Es wird unweigerlich zur Abschaffung der Schulen kommen, und zwar überraschend schnell. Sie läßt sich nicht mehr lange hinauszögern, und es ist auch nicht mehr nötig, sie kräftig zu fördern, denn das geschieht bereits. Es lohnt jedoch den Versuch, sie in eine aussichtsreiche Richtung zu steuern, denn sie kann auf zwei entgegengesetzte Arten stattfinden.

Der eine Weg bestände darin, das Mandat des Pädagogen zu erweitern und ihm eine wachsende Kontrolle über die Gesellschaft auch außerhalb der Schule zu übertragen. Auch mit den besten Absichten und einfach durch Ausweitung der heute in den Schulen üblichen Ausdrucksweise könnte man den Erziehern einen Vorwand dafür liefern, daß sie sämtliche Anlagen der heutigen Gesellschaft benutzen, um uns ihre Botschaften einzutrichtern – natürlich zu unserm Besten. Die Entschulung, die wir nicht aufhalten können, könnte die Entstehung einer «schönen neuen Welt» bedeuten, die von den wohlmeinenden Verwaltern einer programmierten Unterweisung beherrscht wird.

Andererseits könnte die bei Regierungen, Arbeitgebern, Steuerzahlern, aufgeklärten Pädagogen und Schulverwaltungen wachsende Einsicht, daß der prüfungsorientierte Unterricht nach abgestuftem Lehrplan schädlich ist, sehr vielen Menschen eine außerordentliche Möglichkeit verschaffen: daß sie das Recht erhalten, in gleichem Maße Zugang zu den Lehrmitteln zu erlangen und andern mitzuteilen, was sie wissen oder glauben. Dazu wäre es allerdings nötig, daß sich die Bildungsrevolution an bestimmten Zielen orientiert:

1. Man muß freien Zugang zu Dingen schaffen, indem man die Kontrolle beseitigt, die Personen und Institutionen heute über deren Bildungswert ausüben.

2. Man muß das Weitergeben von Fertigkeiten ermöglichen, indem man die Freiheit garantiert, Fertigkeiten auf Wunsch zu lehren oder auszuüben.

3. Man muß die kritischen und schöpferischen Fähigkeiten der Menschen freilegen, indem man dem einzelnen wieder die Möglichkeit gibt, Zusammenkünfte einzuberufen und abzuhalten – eine Möglichkeit, die heute mehr und mehr von Institutionen monopolisiert wird, die für das Volk zu sprechen behaupten.

4. Man muß den einzelnen von der Verpflichtung befreien, seine Erwartungen den Dienstleistungen anzupassen, die von irgendeinem etablierten Berufsstand angeboten werden; zu diesem Zweck muß man ihm Gelegenheit geben, auf die Erfahrungen von seinesgleichen zurückzugreifen und sich dem Lehrer, Führer, Ratgeber oder Heilkundigen seiner Wahl anzuvertrauen. Die Entschulung der Gesellschaft wird unweigerlich die Unterschiede zwischen Wirtschaft, Bildung und Politik verwischen, auf denen die Stabilität der heutigen Weltordnung und der Nationen beruht.

Unsere Betrachtung der Bildungsinstitutionen führt uns zu einer Betrachtung unseres Menschenbildes. Das Wesen, dessen die Schule als Klient bedarf, besitzt weder die Autonomie noch die Motivation, um selbständig heranzuwachsen. Wir können in der allgemeinen Schulpflicht den Höhepunkt eines prometheischen Unternehmens sehen und als Alternative dazu von einer Welt sprechen, die so beschaffen ist, daß der epimetheische Mensch in ihr leben kann. Sagen wir, daß die Alternative zu Schultrichtern eine Welt ist, die durch echte Kommunikationsanlagen transparent gemacht worden ist, und sagen wir weiter sehr konkret, wie diese Anlagen funktionieren könnten, so können wir nur hoffen, daß die epimetheische Natur des Menschen zurückkehre; wir können sie weder planen noch produzieren.

Die Wiedergeburt des epimetheischen Menschen

Unsere Gesellschaft ähnelt der allerneuesten Apparatur, die ich in einem New Yorker Spielwarengeschäft gesehen habe. Es ist ein Metallkästchen; drückt man auf einen Knopf, so springt es auf und zeigt eine mechanische Hand. Verchromte Finger greifen nach dem Deckel, ziehen ihn herunter und verschließen den Kasten von innen. Es war ein Kasten. Man erwartete also, daß man etwas herausnehmen könnte; er enthielt jedoch lediglich einen Mechanismus, um den Deckel zu schließen. Dieses Machwerk ist das Gegenteil der «Büchse der Pandora».

Ursprünglich war Pandora, die Allesgeberin, eine Erdgöttin im vorgeschichtlichen matriarchalischen Griechenland. Sie ließ alle Übel aus ihrer Amphora (*pithos*) entweichen, verschloß diese aber, ehe die Hoffnung entweichen konnte. Die Geschichte des heutigen Menschen beginnt mit dem Verfall des Mythos der Pandora und endet in dem sich selbst verschließenden Kasten. Es ist die Geschichte des prometheischen Bemühens, Institutionen zu schaffen, um darin jedes einzelne der sich ausbreitenden Übel einzupferchen. Es ist die Geschichte schwindender Hoffnung und wachsender Erwartungen.

Um zu begreifen, was das bedeutet, müssen wir den Unterschied zwischen Hoffnung und Erwartung wiederentdecken. Hoffnung bedeutet im eigentlichen Sinne gläubiges Vertrauen auf die Güte der Natur; dagegen bedeutet Erwartung, wie ich das Wort hier verwende, daß man sich auf Ergebnisse verläßt, die der Mensch plant und kontrolliert. Hoffnung richtet das Verlangen auf einen Menschen, von dem wir ein Geschenk erwarten. Erwartung gilt der Befriedigung aus einem vorhersehbaren Verfahren, welches das produzieren wird, das zu erwarten wir einen Anspruch haben. Das prometheische Ethos hat jetzt die Hoffnung in den Schatten gerückt. Das Überleben des Menschengeschlechts hängt davon ab, daß wir sie als soziale Kraft wiederentdecken.

Die Allesbringerin Pandora wurde ursprünglich mit einem Krug auf die Erde geschickt, der alle Übel enthielt; von guten Dingen enthielt er nur die Hoffnung. Der primitive Mensch lebte in dieser Welt der Hoffnung. Damit er existieren könnte, verließ er sich auf die Freigebigkeit der Natur, auf die Zuwendungen der Götter und auf die Instinkte seines Stammes. Die Griechen der klassischen Zeit fingen an, die Hoffnung durch Erwartungen zu ersetzen. Nach ihrem Verständnis der Pandora hatte diese Übles wie Gutes losgelassen. Allerdings erinnerten sie sich ihrer vornehmlich wegen der Übel, die sie entfesselt hatte; am bezeichnendsten war jedoch, daß sie vergaßen, daß die Allesgeberin auch die Hüterin der Hoffnung war.

Die Griechen erzählten die Geschichte der beiden Brüder Prometheus und Epimetheus. Jener ermahnte diesen, er möge Pandora in Ruhe lassen; statt dessen heiratete Epimetheus sie. Im klassischen Griechenland galt der Name Epimetheus, der «Nachbedacht» bedeutet, als Merkmal von Dumpfheit oder Stumpfheit. Als Hesiod die Geschichte in ihrer klassischen Form erzählte, waren die Griechen mittlerweilen moralbewußte und weiberfeindliche Patriarchen geworden, die es beim Gedanken an die erste Frau mit der Angst bekamen. Sie schufen eine rationale und autoritäre Gesellschaft. Die Menschen erfanden Institutionen, mit deren Hilfe sie die sich ausbreitenden Übel zu meistern planten. Sie wurden sich ihrer Macht bewußt, die Welt zu gestalten und sie Dienstleistungen produzieren zu lassen, die zu erwarten sie ebenfalls lernten. Sie wollten, daß ihre eigenen Bedürfnisse und die künftigen Anforderungen ihrer Kinder durch ihre Errungenschaften gestaltet würden. Sie wurden Gesetzgeber, Baumeister und Schriftsteller. Sie schufen Verfassungen, Städte und Kunstwerke, die ihren Nachkommen als Beispiele dienen sollten. Während der primitive Mensch sich darauf verlassen hatte, die einzelnen durch mythische Teilnahme an heiligen Riten in die Überlieferung der Gesellschaft einzuweihen, ließen die klassischen Griechen nur diejenigen Mitbürger als wahre Menschen gelten, die sich durch Bildung (*paideia*) in die von ihren Vorfahren geplanten Institutionen einfügen ließen.

Die Entwicklung des Mythos spiegelt den Übergang von einer Welt, in der Träume *gedeutet* wurden, in eine Welt, in der Orakel *gemacht* wurden. Seit unvordenklicher Zeit hatte man die Erdgöttin auf den Hängen des Berges Parnassos verehrt; dort waren Mittelpunkt und Nabel der Erde. Dort in Delphi (von *delphys*, der Mutterschoß) schlief Gäa, die Schwester des Chaos und des Eros. Ihr Sohn, der Drache Python, wachte über ihren Träumen aus Mondschein und Tau, bis der Sonnengott Apollo, der Erbauer Trojas, sich im Osten erhob, den Drachen erschlug und Besitzer von Gäas Höhe wurde. Seine Priester nahmen ihren Tempel in Besitz. Sie holten sich ein Mädchen, das dort zu Hause war, setzten sie auf einen Dreifuß über den schwelenden Nabel der Erde und betäubten sie mit den Dämpfen. Dann gossen sie des Mädchens ekstatische Äußerungen in Hexameter mit hintersinnigen Prophezeiungen. Aus ganz Griechenland kamen Menschen mit ihren Problemen zum Heiligtum des Apollo. Das Orakel wurde vor politischen Entscheidungen um Rat gefragt, z. B. wie man eine Epidemie oder eine Hungersnot zum Stillstand brächte, wie man die richtige Verfassung für Sparta fände oder den günstigen Standort für Städte, aus denen später Byzanz und Chalkedon wurden. Der unfehlbare Pfeil wurde zum Sinnbild des Apollo. Alles an ihm wurde zielbewußt und nützlich.

Bei der Beschreibung des idealen Staates in der *Politeia* schließt Plato die Volksmusik bereits aus. Nur die Harfe und Apollos Leier sollten in den Städten erlaubt sein, denn ihre Harmonie allein schafft «die Anlage zur

Notwendigkeit und die Anlage zur Freiheit, die Anlage zum Unglücklichen und die Anlage zum Glücklichen, die Anlage zum Mut und die Anlage zur Mäßigung, wie sie dem Bürger geziemt.» Vor Pans Flöte und ihrer Macht, die Instinkte zu wecken, bekamen die Stadtbewohner es mit der Angst. Nur «die Schäfer dürfen Flöte spielen, und sie nur auf dem Lande.»

Der Mensch übernahm die Verantwortung für die Gesetze, nach denen er leben wollte, und für die Gestaltung der Umwelt nach seinem eigenen Bilde. Die weihevolle Einführung in das mythische Leben durch Mutter Erde, wie die Primitiven sie kannten, wurde umgestaltet in die Erziehung (*Paideia*) der Bürger, die sich dann auf dem Forum zu Hause fühlten.

In den Augen der Primitiven wurde die Welt von Schicksal, Tatsachen und Notwendigkeiten regiert. Als Prometheus den Göttern das Feuer stahl, verwandelte er Tatsachen in Probleme, stellte die Notwendigkeiten in Frage und bot dem Schicksal Trotz. Der klassische Mensch schuf sich einen zivilisierten Zusammenhang für eine humane Betrachtungsweise. Er wußte wohl, daß er der Umwelt aus Schicksal und Natur trotzen konnte, aber nur auf eigene Gefahr. Der heutige Mensch geht weiter; er versucht, die Welt nach seinem Bilde zu schaffen, eine völlig vom Menschen gemachte Umwelt zu errichten. Dabei entdeckt er dann, daß er das nur unter einer Bedingung tun kann: indem er sich selber ständig umgestaltet, um sich anzupassen. Wir müssen uns nunmehr klarmachen, daß der Mensch selber auf dem Spiel steht.

Das Leben in New York erzeugt heute ein sehr eigenartiges Bild von dem, was ist und was sein kann, und ohne dieses Bild ist Leben in New York unmöglich. Ein Kind auf den Straßen von New York berührt niemals etwas, was nicht wissenschaftlich entwickelt, fabriziert, geplant und irgend jemandem verkauft worden ist. Sogar die Bäume sind dort, weil die Gartenbaubehörde beschlossen hat, sie dorthinzusetzen. Die Witze, die das Kind im Fernsehen hört, sind kostspielig produziert worden. Der Müll, mit dem das Kind auf Harlems Straßen spielt, besteht aus kaputten Pakkungen, die für jemand anders geplant worden waren. Sogar Wünsche und Ängste werden institutionell gestaltet. Macht und Gewalt werden organisiert und gelenkt: der Kampf der Banden gegen die Polizei. Selbst das Lernen wird als Konsum von Themen definiert, die das Ergebnis eines auf Forschung und Planung beruhenden Programms sind. Um welche Ware es sich auch handeln mag, sie ist das Produkt einer spezialisierten Institution. Es wäre töricht, etwas zu verlangen, was eine Institution nicht produzieren kann. Das Stadtkind kann nicht etwas erwarten, was außerhalb der Entwicklungsmöglichkeiten institutioneller Verfahren liegt. Selbst seine Phantasie wird dazu angeregt, Science Fiction hervorzubringen. Die poetische Überraschung des Ungeplanten kann ihm nur bei der Begegnung mit «Dreck», bei Fehlschlägen oder Versagen zuteil werden: die Orangenschale in der Gosse, die Pfütze auf der Straße, das Versagen von Ordnung, Programm oder Maschine sind die einzigen Ansatzpunkte für schöpferische Phantasie. «Blödeln» wird die einzige verfügbare Poesie.

Da nichts erstrebenswert ist, was nicht geplant wurde, kommt das Stadtkind bald zu dem Schluß, daß wir immer imstande sein werden, für alles, dessen wir bedürfen, eine Institution zu entwerfen. Die Macht eines Verfahrens, Werte zu schaffen, hält es für selbstverständlich. Ob das Ziel nun darin besteht, einem Lebensgefährten zu begegnen, eine Nachbarschaft zu integrieren oder lesen zu lernen – es wird jedenfalls dahin definiert, daß seine Herbeiführung sich bewerkstelligen lasse. Der Mensch, der weiß, daß alles, wofür Nachfrage besteht, auch produziert wird, hält bald nicht mehr für möglich, daß für ein Produkt keine Nachfrage bestehen kann. Kann man ein Mondschiff entwerfen, dann auch die Nachfrage nach Reisen auf den Mond. Nicht dorthin zu gehen, wohin man gehen kann, wäre subversives Verhalten; es würde nämlich die Vermutung, daß jede befriedigte Nachfrage zu einer noch größeren unbefriedigten führen müsse, als Torheit entlarven. Solche Erkenntnis würde dem Fortschritt Einhalt gebieten. Nicht zu produzieren, was produziert werden kann, würde das Gesetz von den «ansteigenden Erwartungen» als Beschönigung einer klaffenden Frustrationslücke bloßstellen; diese aber ist der Motor einer Gesellschaft, die auf der gleichzeitigen Erzeugung von Dienstleistungen und vermehrter Nachfrage beruht.

Die Geistesverfassung des heutigen Großstädters erscheint in der mythischen Überlieferung nur in Gestalt der Hölle: Sisyphos, der Thanatos (den Tod) für eine Weile gefesselt hatte, muß einen schweren Stein bergauf zum Gipfel der Hölle wälzen; immer aber entgleitet ihm der Stein gerade dann, wenn er fast den Gipfel erreicht hat. Tantalus wurde von den Göttern an ihren Tisch geladen und stahl ihnen dabei das Geheimnis, wie man die alles heilende Ambrosia bereitet, die Unsterblichkeit verleiht. Dafür leidet er ewig Hunger und Durst, während er in einem Fluß, dessen Fluten vor ihm zurückweichen, im Schatten von Obstbäumen steht, deren Äste sich ihm entziehen. Eine Welt mit immer wachsender Nachfrage ist nicht einfach böse: man kann sie nur als Hölle bezeichnen.

Der Mensch hat die frustrierende Macht entwickelt, alles zu verlangen, weil er sich nicht etwas vorstellen kann, was eine Institution nicht für ihn tun könnte. Von allmächtigen Werkzeugen umgeben, ist der Mensch nur noch ein Werkzeug seiner Werkzeuge. Jede der Institutionen, die eines der urzeitlichen Übel austreiben sollte, ist zu einem narrensicheren selbstschließenden Sarg für den Menschen geworden. Der Mensch sitzt gefangen in den Kästen, die er als Behälter für die Übel geschaffen hat, die Pandora entweichen ließ. Die Verdunkelung der Wirklichkeit im Smog, den unsere Werkzeuge produzieren, hat uns umfangen. Ganz plötzlich finden wir uns in der Dunkelheit unserer eigenen Falle wieder.

Die Wirklichkeit selber ist abhängig geworden von menschlicher Entscheidung. Derselbe Präsident, der die wirkungslose Invasion Kambodschas befohlen hat, könnte ebensogut die wirksame Anwendung des Atoms befehlen. Der «Hiroshima-Knopf» kann jetzt den Nabel der Erde durchschneiden. Der Mensch hat die Macht errungen, Chaos zum Sieg über Eros und Gäa zu verhelfen. Die neue Macht des Menschen, den Nabel der Erde zu durchschneiden, ist eine ständige Mahnung, daß unsere Institutionen sich nicht nur ihre Zwecke schaffen, sondern auch die Macht haben, mit sich selbst und uns Schluß zu machen. Wie absurd moderne Institutionen sind, zeigt sich deutlich am Beispiel des Militärs. Moderne Waffen können Freiheit, Zivilisation und Leben nur verteidigen, indem sie diese vernichten. In der Sprache des Militärs bedeutet Sicherheit die Fähigkeit, die Erde aus dem Wege zu räumen.

Nicht weniger offenkundig ist die Absurdität der nichtmilitärischen Institutionen. Sie haben keinen Knopf, der ihre zerstörende Macht auslöst, aber sie brauchen auch keinen Knopf. Sie haben den Deckel der Welt bereits in ihrem Griff. Sie schaffen Bedürfnisse schneller, als sie Befriedigung schaffen können; indem sie versuchen, die von ihnen erzeugten Bedürfnisse zu befriedigen, verbrauchen sie die Erde. Das gilt für Landwirtschaft und Industrie so gut wie für Medizin und Bildungswesen. Die moderne Landwirtschaft vergiftet und erschöpft den Boden. Die «grüne Revolution» kann mittels neuen Saatgutes den Ertrag eines Hektars verdreifachen – aber nur bei verhältnismäßig noch stärkerem Einsatz von Kunstdünger, Insektenvertilgern, Wasser und Energie. Die Herstellung dieser wie aller anderen Waren verschmutzt die Weltmeere und die Atmosphäre und verdirbt unersetzliche Bodenschätze. Wenn sich die Verbrennungsmotoren im jetzigen Tempo weiter vermehren, werden wir den Sauerstoff der Atmosphäre bald schneller verbrauchen, als er ersetzt werden kann. Wir haben keinen Grund anzunehmen, daß Spaltung oder Schmelzung mit geringeren Risiken verbunden wäre als die Verbrennung. Medizinmänner treten an die Stelle von Hebammen und versprechen, aus dem Menschen etwas anderes zu machen: genetisch geplant, pharmakologisch gemildert und imstande, verlängerte Krankheiten zu ertragen. Das heutige Ideal ist eine panhygienische Welt: eine Welt, in der alle Berührungen zwischen Menschen sowie zwischen Menschen und ihrer Umwelt das Ergebnis von Voraussicht und Manipulation sind. Die Schule ist das geplante Verfahren geworden, das den Menschen für eine geplante Welt zurechtschleift: das wichtigste Werkzeug, um den Menschen in der Falle des Menschen zu fangen. Angeblich soll sie den Menschen auf ein Niveau bringen, das ausreicht, damit er in diesem Weltspiel eine Rolle spielen kann. Unerbittlich kultivieren, behandeln, produzieren und schulen wir die Welt aus der Welt.

Die Institution des Militärs ist ganz offensichtlich absurd. Die Absurdität der nichtmilitärischen Institutionen ist schwieriger zu bewältigen. Sie ist sogar noch erschreckender, weil sie so unerbittlich vonstatten geht. Wir wissen, auf welchen Knopf man nicht drücken darf, um eine atomare Katastrophe zu vermeiden. Kein Knopf verhindert eine ökologische Apokalypse.

Im klassischen Altertum hatte der Mensch entdeckt, daß die Welt nach menschlichen Plänen gestaltet werden konnte, und dank dieser Einsicht erkannte er, daß sie gefährdet, dramatisch und komisch war. Es entwickelten sich demokratische Institutionen, und innerhalb ihres Rahmens galt der Mensch als vertrauenswürdig. Erwartungen aus gehörigem Ablauf und das Vertrauen in die Natur des Menschen hielten sich das Gleichgewicht. Die herkömmlichen Berufe entwickelten sich und zugleich die Institutionen, die für ihre Ausübung benötigt wurden.

Unmerklich hat das Vertrauen auf institutionelle Verfahren die Abhängigkeit von der Gutwilligkeit des einzelnen abgelöst. Die Welt hat ihre humane Dimension verloren und ist wieder zu der faktischen Notwendigkeit und Schicksalhaftigkeit zurückgekehrt, welche die Merkmale einer primitiven Epoche waren. Während aber das Chaos der Barbaren ständig im Namen geheimnisvoller anthropomorpher Götter geordnet wurde, kann heute nur menschliche Planung als Grund dafür angeführt werden, daß die Welt so ist, wie sie ist. Der Mensch ist zum Spielball von Wissenschaftlern, Technikern und Planern geworden.

Wir sehen, wie diese Logik auf uns und andere wirkt. Ich kenne ein mexikanisches Dorf, durch das täglich höchstens ein Dutzend Autos fahren. Ein Mexikaner spielte auf der neuen geteerten Straße vor seinem Hause Domino – wo er vermutlich seit seiner Jugend gesessen und gespielt hatte. Ein Auto raste durchs Dorf und tötete ihn. Der Reisende, der mir davon berichtete, war tief bewegt und sagte dennoch: «Er hatte sich das selber zuzuschreiben.»

Auf den ersten Blick unterscheidet sich die Bemerkung des Reisenden nicht von den Äußerungen eines primitiven Buschmannes, der vom Tod eines Gefährten berichtet, welcher ein Tabu übertreten hatte und deshalb gestorben war. Die beiden Äußerungen enthalten jedoch einen konträren Sinn. Der Primitive kann die Schuld auf irgend etwas Gewaltiges, Stummes, Jenseitiges schieben, während der Tourist vor der unerbittlichen Logik der Maschine erschauert. Der Primitive empfindet keinerlei Verantwortung, der Tourist empfindet, aber verleugnet sie. Beim Primitiven wie beim Touristen fehlt es an der klassischen Art des Dramas, am tragischen Stil, an der Logik persönlicher Bemühung und Auflehnung. Der Primitive wußte nichts davon, und der Tourist hat es verloren. Der Mythos des Buschmannes und der Mythos des Amerikaners bestehen aus trägen, unmenschlichen Kräften. Beide machen nicht die Erfahrung tragischer Auflehnung. Für den Buschmann folgt das Geschehen magischen Gesetzen, für den Amerikaner folgt es dem Gesetz der Wissenschaft. Das Geschehen schlägt ihn in den Bann der Gesetze der Mechanik, die nach seinem Verständnis physische, gesellschaftliche und psychische Abläufe beherrschen.

Die Stimmung des Jahres 1971 begünstigt einen großen Kurswechsel bei der Suche nach einer hoffnungsvollen Zukunft. Die Bekämpfung der Armut produziert mehr Arme, der Krieg in Asien mehr Vietkong, die technische Entwicklungshilfe mehr Unterentwicklung. Kliniken für Geburtenkontrolle vergrößern den Geburtenüberschuß und lassen die Bevölkerung anwachsen; Schulen produzieren mehr gescheiterte Schüler (dropout), und die eine Art von Verschmutzung vermehrt gewöhnlich eine andere.

Verbraucher stehen vor der Erkenntnis, daß sie um so mehr Enttäuschungen schlucken müssen, je mehr sie kaufen können. Bis vor kurzem erschien es nur logisch, daß die Schuld an dieser allgemeinen Inflation von Funktionsstörungen entweder auf das Zurückbleiben wissenschaftlicher Entdeckung hinter technologischen Anforderungen oder auf die Verbohrtheit von Feinden des Volkes, der Ideologie oder der Klasse zurückgeführt werden konnte. Die Erwartung eines goldenen Zeitalters der Wissenschaft und eines Krieges, der alle Kriege beenden soll, ist zurückgegangen.

Für den erfahrenen Verbraucher gibt es keinen Weg zurück zu dem naiven Vertrauen auf technische Wunder. Allzu viele Leute haben schlechte Erfahrungen mit neurotischen Computern gemacht, mit Ansteckungen, die sie sich im Krankenhaus geholt haben, und mit Verkehrsstörungen – auf den Straßen, in der Luft oder im Telefonnetz. Noch vor zehn Jahren rechnete konventionelle Klugheit mit einem bessern Leben, das sich auf vermehrte wissenschaftliche Entdeckungen gründen würde. Heute sind die Wissenschaftler zum Kinderschreck geworden. Die Schüsse auf den Mond liefern den faszinierenden Beweis dafür, daß menschliches Versagen beim Bedienen komplizierter Systeme nahezu ausgeschaltet werden kann. Das beseitigt jedoch nicht unsere Befürchtungen, daß menschliches Versagen beim Konsumieren nach Vorschrift sich ungehemmt ausbreiten könnte.

Auch für den Sozialreformer gibt es keinen Weg zurück zu den Theorien der vierziger Jahre. Die Hoffnung ist dahin, daß man das Problem einer gerechten Güterverteilung dadurch umgehen könnte, daß man Güter im Überfluß produziert. Die Kosten der kleinsten Packungen, die den modernen Geschmack zu befriedigen vermögen, sind in die Höhe geschossen, und modern ist ein Geschmack dann, wenn er bereits veraltet, ehe er noch befriedigt worden ist. Die Grenzen der Reichtümer der Erde sind sichtbar geworden. Kein Durchbruch in Wissenschaft oder Technik könnte jedem einzelnen Menschen auf der Welt die Waren und Dienstleistungen verschaffen, die heute in den reichen Ländern den Armen zur Verfügung stehen. Ein Beispiel: Um ein solches Ziel selbst mit der «leichtesten» technologischen Alternative zu erreichen, müßte das Hundertfache der gegenwärtigen Mengen an Eisen, Zinn, Kupfer und Blei gefördert werden.

Endlich begreifen Lehrer, Ärzte und Sozialarbeiter, daß ihre ganz verschiedenen beruflichen Bemühungen mindestens eine Seite gemeinsam haben. Sie schaffen zusätzliche Nachfrage nach der institutionellen Behandlung, die sie liefern, und zwar schneller, als sie Dienstleistungsinstitutionen einrichten können.

Nicht nur irgendein Teil, sondern die eigentliche Logik der konventionellen Klugheit wird fragwürdig. Selbst die Wirtschaftsgesetze wirken wenig überzeugend außerhalb der engen Grenzen, die den sozialen und geographischen Bereichen gezogen sind, in denen der größte Teil des Geldes konzentriert ist. Geld ist allerdings die billigste Währung, aber nur in einer Wirtschaft, die auf eine an monetären Begriffen gemessene Leistungsfähigkeit eingestellt ist. Sowohl die kapitalistischen als auch die kommunistischen Länder in ihren verschiedenen Erscheinungsformen sind darauf festgelegt, die Leistungsfähigkeit nach dem in Dollar ausgedrückten Verhältnis von Kosten zu Nutzen zu bemessen. Der Kapitalismus brüstet sich mit einem höheren Lebensstandard und beansprucht deshalb Überlegenheit. Der Kommunismus brüstet sich mit einer größeren Zuwachsrate als Hinweis darauf, daß er schließlich triumphieren werde. Unter beiden Ideologien aber wachsen die Gesamtkosten einer zunehmenden Leistungsfähigkeit im geometrischen Verhältnis. Die Konkurrenz der größten Institutionen ist am heftigsten bei Reichtümern, die in keinem Inventar verzeichnet sind: der Luft, den Weltmeeren, der Stille, dem Sonnenlicht und der Gesundheit. Der Öffentlichkeit wird die Verknappung dieser Reichtümer erst dann zu Bewußtsein gebracht, wenn sie beinahe unwiderruflich verdorben sind. Allenthalben wird die Natur giftig, die Gesellschaft unmenschlich, das Innenleben gestört und die persönliche Berufung erstickt.

Eine Gesellschaft, die auf die Institutionalisierung von Werten festgelegt ist, identifiziert die Erzeugung von Waren und Dienstleistungen mit der Nachfrage nach ebendiesen.

Die Erziehung zum Bedürfnis nach einem Produkt ist im Preis dieses Produkts eingeschlossen. Die Schule ist die Werbeagentur, die einen dahin bringt zu glauben, man brauche die Gesellschaft so, wie sie ist. In einer solchen Gesellschaft treibt sich der Minimalwert ständig selber in die Höhe.

Er zwingt die wenigen Großverbraucher zum Wettkampf um die Macht, die Erde abzuräumen, ihre anschwellenden Bäuche zu füllen, kleinere Verbraucher zu zügeln und diejenigen unschädlich zu machen, denen es immer noch genügt, mit dem auszukommen, was sie haben. Das Ethos der Ungenügsamkeit ist also die Wurzel der physischen Ausplünderung, der gesellschaftlichen Polarisierung und der psychischen Passivität.

Sind Werte erst in geplanten und gelenkten Verfahren institutionalisiert, so glauben die Angehörigen der heutigen Gesellschaft, das gute Leben bestehe darin, daß man Institutionen hat, welche die Werte festlegen, deren ihrer Meinung nach sie und ihre Gesellschaft bedürfen. Man kann sagen, ein institutioneller Wert sei das Produktionsniveau einer Institution. Der entsprechende Wert des Menschen bemißt sich nach seiner Fähigkeit, zu konsumieren und diesen Produktionsausstoß zu beseitigen und dadurch neue – noch größere – Nachfrage zu schaffen. Der Wert des institutionalisierten Menschen hängt von seiner Kapazität als Verbrennungsofen ab. Bildlich gesprochen, ist er der Götze seiner Schöpfung geworden. Der Mensch versteht sich jetzt als der Ofen, in dem die mit seinen Werkzeugen produzierten Werte verbrannt werden. Seine Kapazität kennt keine Grenzen. Sein Tun ist die Tat des Prometheus in ihrer letzten Konsequenz.

Die Erschöpfung und Verschmutzung der Schätze der Erde ist vor allem das Ergebnis einer Verderbnis im Selbstverständnis des Menschen, einer Rückentwicklung seines Bewußtseins. Manche möchten wohl von einer Mutation des Kollektivbewußtseins sprechen, die dazu führt, den Menschen als einen Organismus zu verstehen, der nicht von Natur und Personen abhängt, sondern von Institutionen. Diese Institutionalisierung beträchtlicher Werte, dieser Glaube, daß ein geplantes Behandlungsverfahren schließlich die vom Empfänger gewünschten Resultate liefere, dieses Verbraucherethos ist das Kernstück des prometheischen Trugschlusses.

Die Bemühungen, ein neues Gleichgewicht in der globalen Umwelt zu finden, hängen davon ab, daß Werte entinstitutionalisiert werden.

Den Verdacht, daß mit dem Weltbild des *homo faber* irgend etwas Grundlegendes nicht stimmt, findet man bei einer wachsenden Minderheit der Menschen, und zwar gleichermaßen in kapitalistischen, kommunistischen und unterentwickelten Ländern. Dieser Verdacht ist der gemeinsame Wesenszug einer neuen Elite. Ihr gehören Menschen aller Klassen, Einkommensschichten, Glaubensrichtungen und Kulturen an. Sie sind gegenüber den Mythen der Mehrheit mißtrauisch geworden – den wissenschaftlichen Utopien, den ideologischen Teufeleien und der Erwartung, daß man Waren und Dienstleistungen einigermaßen gerecht verteilen könne. Mit der Mehrheit teilen sie das Gefühl, in einer Falle zu sitzen. Mit der

Mehrheit teilen sie auch das Bewußtsein, daß die meisten neuen Verfahren, die mit breiter Zustimmung eingeleitet worden sind, stets zu Ergebnissen führen, die zu den erklärten Zielen in krassem Widerspruch stehen. Während aber die prometheische Mehrheit von Möchtegern-Raummenschen immer noch dem grundlegenden Problem ausweicht, steht die nunmehr auftretende Minderheit dem wissenschaftlichen *deus ex machina*, den ideologischen Allheilmitteln und der Jagd nach Teufeln und Hexen kritisch gegenüber. Diese Minderheit fängt an, ihren Verdacht zu formulieren, daß unsere ständigen Täuschungen uns an die heutigen Institutionen fesseln wie einst die Ketten den Prometheus an seinen Felsen. Hoffnungsvolles Vertrauen und klassische Ironie (*eironeia*) müssen sich zusammentun, um den prometheischen Trugschluß zu entlarven.

Gewöhnlich glaubt man, Prometheus bedeute «Vorbedacht», oder manchmal sogar «er, der den Nordstern wandern macht». Er betrog die Götter um ihr Monopol des Feuers, lehrte die Menschen, es beim Schmieden des Eisens zu verwenden, wurde der Gott der Techniker und endete in eisernen Ketten.

Die delphische Pythia ist nunmehr durch einen Computer ersetzt worden, der über Programmen und Lochkarten schwebt. Die Hexameter des Orakels haben verschlüsselten Anweisungen Platz gemacht. Der Mensch als Steuermann hat das Ruder der kybernetischen Maschine übergeben. Die letzte aller Maschinen taucht auf, um unser Schicksal zu lenken. Kinder träumen davon, in ihren Raumschiffen die verdämmernde Erde zu verlassen.

Aus der Perspektive des Mannes im Mond könnte Prometheus die blitzend blaue Gäa als den Planeten der Hoffnung und als Arche der Menschheit erkennen. Ein neues Gefühl für die Endlichkeit der Erde und eine neue Sehnsucht können jetzt dem Menschen die Augen öffnen für die Entscheidung seines Bruders Epimetheus, die Erde mit Pandora zu verbinden.

An diesem Punkt wandelt sich der griechische Mythos zur hoffnungsvollen Prophezeiung, berichtet er uns doch, daß der Sohn des Prometheus Deukalion war, der Steuermann der Arche, der gleich Noah die Flut überlebte. Er wurde der Vater eines neuen Menschengeschlechts, das er mit Pyrrha, der Tochter des Epimetheus und der Gäa, aus der Erde erschuf. Wir lernen den Sinn des Pithos begreifen, den Pandora von den Göttern mitbrachte als Umkehrung des Kastens: unsere Schale und Arche.

Jetzt brauchen wir einen Namen für diejenigen, denen Hoffnung mehr bedeutet als Erwartungen. Wir brauchen einen Namen für diejenigen, die Menschen mehr lieben als Produkte; die da glauben:

> Es gibt keine uninteressanten Menschen auf der Welt,
> Ihre Schicksale sind wie die Geschichten der Planeten:

Ein jeder ist unwiederholbar,
und es gibt keine Planeten, die ihm ähnlich sind.

Wir brauchen einen Namen für diejenigen, welche die Erde lieben, auf der jedermann dem andern begegnen kann:

Und wenn jemand unbemerkt gelebt hat
Und mit dieser Unbemerkbarkeit befreundet war,
Dann war an ihm unter den Menschen
Gerade seine Unbemerkbarkeit interessant.

Wir brauchen einen Namen für diejenigen, welche mit ihrem prometheischen Bruder zusammen das Feuer entzünden und das Eisen schmieden; die das aber nur tun, um den andern um so besser hegen und pflegen und ihm dienen zu können, weil sie wissen:

Jeder hat seine geheime persönliche Welt,
In dieser Welt gibt es einen allerbesten Augenblick,
In dieser Welt gibt es eine allerfurchtbarste Stunde,
Aber das alles ist uns unzugänglich.[1]

Ich schlage vor, daß diese hoffnungsvollen Brüder und Schwestern epimetheische Menschen heißen sollen.

1 Die hier zitierten Verse aus dem 1960 entstandenen Gedicht «Es gibt keine uninteressanten Menschen» von Jewgenij Jewtuschenko hat Alexander Kaempfe für diesen Band dem Wortlaut nach aus dem Russischen übersetzt. Original in: Idut belyje snegi, Moskau 1969.

Die amerikanische Originalausgabe dieses Buches erschien in der von Ruth Nanda Anshen geplanten und herausgegebenen Reihe World Perspectives.

Die Reihe World Perspectives soll der Öffentlichkeit auf einer Vielzahl von Gebieten zukunftsträchtige Bücher aus der Feder hervorragender zeitgenössischer Denker und führender Persönlichkeiten zugänglich machen. Es geht darum, grundlegend neue Strömungen in heutigen Kulturen freizulegen, die heute wirkenden schöpferischen Kräfte im Osten wie im Westen darzustellen und auf das neue Bewußtsein hinzuweisen, das zu einem tieferen Verständnis der wechselseitigen Beziehungen zwischen Mensch und Universum, einzelnem und Gesellschaft und der allen Menschen gemeinsamen Werte beiträgt. Die Reihe World Perspectives repräsentiert und schildert die weltweite Gemeinschaft der Ideen und unterstreicht die grundsätzliche Einheit der Menschheit ebenso wie die Dauerhaftigkeit im Wandel.

Die Reihe World Perspectives vertritt die These, daß der Mensch im Begriff ist, ein neues Bewußtsein zu entwickeln, welches trotz seiner augenscheinlichen geistigen und sittlichen Befangenheit das Menschengeschlecht schließlich über die Angst, Unwissenheit und Einsamkeit hinausheben kann, die sie heute bedrängen. Diesem sich herausbildenden Bewußtsein, dieser Vorstellung vom Menschen, der aus einer Welt hervorgeht, die er durch ein neues Bild von der Wirklichkeit erfaßt, ist die Reihe World Perspectives gewidmet.

Ruth Nanda Anshen

Hartmut von Hentig

Die Wiederherstellung der Politik

Cuernavaca revisited
203 Seiten. Kartoniert.
Gemeinschaftsverlag Klett-Kösel

Ausgehend von den weiterentwickelten Vorstellungen von Ivan Illich untersucht Hartmut von Hentig, wie sich die Strukturen einer wünschenswerten politischen Gesellschaft zu den Großstrukturen einer technischen, verwalteten, verschulten und darum weitgehend unpolitischen Gesellschaft verhalten. Politik heißt für den Autor: die bewegliche Regelung gemeinsamer Angelegenheiten in einem überschaubaren Lebensverband. Der Beitrag der Pädagogik hierzu muß in vielen Fällen eher in der Abwehr als in der dienstfertigen Erfüllung weiterer Forderungen bestehen.

Cuernavaca oder: Alternativen zur Schule?

3. Aufl. 139 Seiten. Kartoniert.
Gemeinschaftsverlag Klett/Kösel

862/6